我们一起解决问题

人力资源管理创新丛书

社交招聘

尹 利◎著

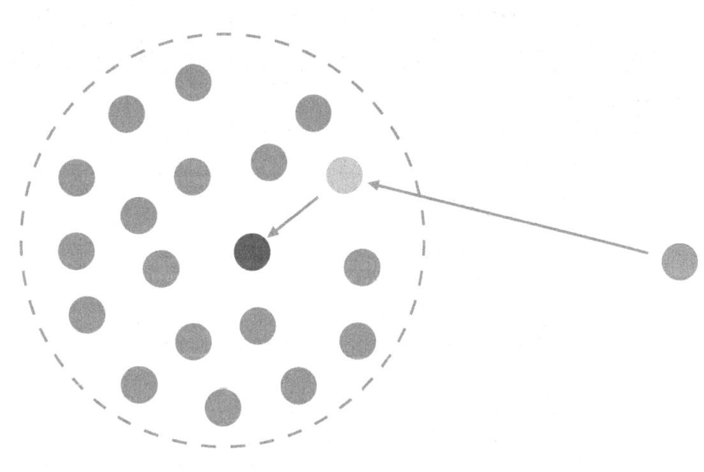

人民邮电出版社
北 京

图书在版编目（CIP）数据

社交招聘 / 尹利著. -- 北京 : 人民邮电出版社, 2019.12（2024.2重印）
（人力资源管理创新丛书）
ISBN 978-7-115-52453-9

Ⅰ. ①社… Ⅱ. ①尹… Ⅲ. ①企业管理－招聘 Ⅳ. ①F272.92

中国版本图书馆CIP数据核字(2019)第237346号

内容提要

社交招聘已经成为很多公司尤其是互联网公司开展招聘工作时优先选用的招聘方法，并将在未来得到更加广泛的应用。社交招聘的核心要素有哪些？社交招聘有哪些实用的方法？社交招聘适用于哪些场景？本书系统地回答了这些问题。

本书详细介绍了社交招聘的五大要素、三个圈子理论和三角共赢理论、社交招聘的五大方法和五大应用场景、人才地图、招聘经理的个人成长、90分招聘团队打造等内容，涵盖了社交招聘的基础理念、方法、工具和技巧，以及个人成长和团队建设的基本路径。另外，书中提供了诸多真实、精彩的社交招聘案例以及大量的思维导图，以便读者理解和运用相关内容。

本书适合招聘经理、人力资源总监、人力资源副总裁等直接从事、参与或管理招聘工作的人力资源从业人员阅读，也可作为间接参与招聘工作的其他中高层管理者以及猎头的参考读物。

◆ 著　尹　利
责任编辑　陈　宏
责任印制　彭志环
◆ 人民邮电出版社出版发行　北京市丰台区成寿寺路11号
邮编 100164　电子邮件 315@ptpress.com.cn
网址 https://www.ptpress.com.cn
涿州市般润文化传播有限公司印刷
◆ 开本：700×1000　1/16
印张：16　2019年12月第1版
字数：180千字　2024年2月河北第15次印刷

定　价：69.80元

读者服务热线：（010）81055656　印装质量热线：（010）81055316
反盗版热线：（010）81055315
广告经营许可证：京东市监广登字20170147号

本书赞誉

——百度前招聘总监　樊效

上一次跟尹利聊天时，我在想方设法留住他。他是当年百度人力资源团队快速发展时期的一股奇特力量，是我们要重点培养和发展的高潜力人才。他与生俱来的活力和好奇心，还有偶尔剑走偏锋的工作方法，给我留下了深刻印象。再次见到他的时候，他拿着一大摞文稿，笑盈盈地对我说："樊校长请多指教！"

伴随我国互联网行业这十几年的发展，传统意义上的人力资源的获取和管理模式在很大程度上被挑战甚至被颠覆。如何主动、快速、精准地寻访并锁定所需人才，组建强大团队，是每一家快速成长的企业都要面对的首要管理问题。

尹利基于自己在互联网行业积累多年的人才猎聘经验，在有思考、有理论、有成功实践经验的基础上，写出了这本书。我很荣幸能在付梓前读到这本书。阅至某处，我不禁莞尔，那里有我们这些年作为人力资源工作者成功经验的提炼和总结。同时，我也很感慨，长江后浪推前浪，这样一本总结了成功实践经验和背后理论的书，竟然出自一位"85后"之手。我希望自己也能和尹利一样，勇于探索，不畏将来。我相信，活力和好奇心将引导我们在自己热爱的专业领域走得更远。

——百度资深人力资源专家　佟迪

对我而言，尹利既是并肩战斗过的伙伴，也是共同成长、相互学习的挚友。相信见过尹利的人都会被他的热情所感染。对于专业的极致追求成就了他今天的事业。

古往今来，人才都是富国之本、兴邦大计，现在更是企业竞争制胜不可或缺的资源。帮助企业快速引入合适的人才，高效建立人才生态圈，是企业生生不息、持续发展的重要基础。《社交招聘》一书不仅从理论层面剖析了人才圈的重要性，还从实践层面给出了如何建立和经营整个生态的指导，这是一部实战性极强的著作。

我有幸见证了这本书从初步形成框架到最终付梓的全过程，我很感谢作者呕心沥血分享自己的经验与思考。人生是一场修行，愿与诸君一同阅读，一同修炼和提升，并体验与他人共事的美妙之处。

腾讯总裁办管理咨询部总监、原 GGV Capital HRVP　刘小青

尹利作为国内最优秀的招聘专家之一，在一线互联网公司工作多年，积累了丰富的招聘经验。这些年来，我有幸见证了尹利的飞速成长。无论是干招聘还是做业务，无论是在互联网大厂还是在创业公司，不论做什么样的职业选择，尹利使命必达，他的每一段职业经历都可圈可点。

今天，他凭借多年的实战经验，通过一个个真实的案例，用三大理论、五大方法和五大应用场景作为框架，总结了社交招聘的最佳实践。在我看来，他分享的不仅是成就和经验，更是反思和创新。《社交招聘》介绍的逻辑框架和方法论饱含着他的深度思考，书中内容都是他以往 10 多年经验的精华。基于行动学习，提炼升华出一套方法论，然后用方法论指导行动，这就是他的创作方法。希望这本书能帮助更多像我、像尹利这样追梦的人。

小红书 HRD　程成（CC）

作为招聘领域的老人，尹利叫我一声“师傅”，我也自得其乐地认了这个徒弟。不得不说，他是我最得意的爱徒，我们相互切磋、相互成就。

招聘是最能展现企业人力资源组织能力的一环，它不仅仅是市场的触角，也是我们搭建人才战略、建设人才机制、实现人才保障、推广雇主品牌不可或缺的一环。招聘的从业门槛虽然不高，但是做好做精很难，从业者必须持之以恒，必须足够聪明。

我认为，尹利是少有的二者兼具的才俊。更难能可贵的是，他懂人心、知人性、有方法、有思考，并在招聘领域笔耕不辍。他在百度学习了扎实的方法论，到了旷视之后提炼升华出了自己的心法。这本热气腾腾的新书凝结着他的心血，书中的每一段文字都让我读得酣畅淋漓，我似乎回到了那段戎马倥偬、刀光剑影的岁月！我相信《社交招聘》这本书一定会受到读者的欢迎，我祝愿大家都能找到自己的心法！

——资深人力资源专家、前汽车之家 HRD 杜宏

5 年前，我和尹利因为在创业公司的合作而相识，他改变了我对招聘的认知。他让我认识到，In House 招聘也可以十分“凶悍”，甚至能做到“比猎头还猎头”的状态。很多创业公司 CEO 或业务管理者最大的困惑往往来自招聘。我基于从尹利这里学到的东西，经常给创业公司 CEO 提供一个视角：HR“遍历”候选人的能力是招聘工作成败的关键。

今天，当我看到尹利的新书时，我知道自己之前的理解肤浅了。我欣喜地看到，尹利已经总结出更复杂但非常系统的社交招聘方法论，他再一次让我大受启发。我必须为他加油，因为他坚持以用心观察思考、立即坚决行动、耐心积累梳理、不断反思迭代的精神来实现精进，并取得了令我十分钦佩的成果！我相信《社交招聘》会给更多正走在招聘路上的有心人带来启发，帮助他们成为保持平常心但不走寻常路的优秀 HR。

——万信公司 CEO、畅销书《引爆用户增长》作者 黄天文

在 2016 年的一次家庭聚会上，我向好兄弟尹利分享了公众号写作的心得，没想到他第二天就完成了处女作，而且那篇文章很快就在业内产生了极大的影响力。窥一斑而知全豹，这件小事是尹利超强执行力的一个缩影。

2017 年，我出版了我的第一本书《引爆用户增长》，在业内引发了热烈反响。这本书给我的职业生涯和社交连接带来了一次很大的升华。我开始鼓动身边的人写书，但所有人都无一例外地失败了。没想到，快 2 年后，尹利的《社交招聘》再一次给了我惊喜。这本书是他对 10 多年招聘经验的深度总结，不仅讲招聘，讲如何建立连接，还讲如何为人处世。社交招聘的本质是经营人际关系。《社交招聘》这本书教你如何经营和管理好你的人际关系，我相信读过这本书的人一定会受益无穷。

雇势新媒创始人兼 CEO　欧阳泽林

丰富多元的社交网络平台的兴起，让职场中个体之间的关系路径变得可以搜索和连接。当下，每个招聘者和求职者都比过往的任何时代拥有更加立体丰富的职业关系网络这一基础设施。《社交招聘》的面世非常有利于招聘从业者的思维迭代和升级！

作为社交招聘的积极倡导者，我希望每一位职场人都能经营好自己的社交网络，以此促进自己的求职与招聘，收获更加精彩的职场人生！

APC 合伙人　杨燕（Monica）

作为猎头公司合伙人，我在给《社交招聘》写推荐语时心情很复杂。毕竟，HR 看了这本书，就可以省下一半的猎头费用，很多猎头顾问可能就没饭吃了！但是，我必须说，这本书值得每一位猎头顾问时时查阅、一读再读！

在人才驱动的行业里，招聘不是管兵马，而是管粮草！尹利的这本书，就是在掏心掏肺地分享粮草管理之道！在招聘的术上，他几乎探索到了极致；在招聘的道上，他也在积极思考。《社交招聘》这本书既教你剑法，又教你心法，值得每一位有志于做招聘的人认真阅读！

Spring 科技行业总监　王淼（Mocca）

在 10 年的猎头生涯中，我和不少企业的招聘伙伴合作过，与尹利相识已有六载。我们在几个项目上有过交锋，我十分感慨：如今，能够如此执着、专业，能够将工作变成乐趣，倾尽全力将工作作为一个课题去打磨的 HR，实在太少了。尹利是我心中互联网行业招聘能力排在前三名的合作伙伴。

作为书友会的种子成员，我有幸在初期便看到了《社交招聘》的完整框架。如果你还止步于从招聘网站搜索简历，还苦于想做 Mapping 却百思不得其法，还怯懦于如何进入高管和大牛的圈子，还艳羡 HR 同事一呼百应的朋友圈，《社交招聘》就是领你进门的最佳工具书。

旷视科技副总裁　王凯

17 世纪，莱茵河的鲁珀特亲王从欧洲大陆带回一些蝌蚪状玻璃泪滴送给英格兰国王查理二世。这些玻璃泪滴被称为“鲁珀特之泪”，其神奇之处在于它的头部可以经受住锤子的敲击甚至子弹的击打，看起来坚硬无比。然而，只要对其小尾巴稍稍施力，整颗泪滴立刻就会爆裂四溅、彻底粉碎。

万物相通，无论是我国传统文化中的“四两拨千斤”，还是自然界中以鲁珀特之泪为代表的物体，都在诠释着一个极小而又极正确的原则：工欲善其事，必先利其器；器欲尽其能，必先得其法。各行各业，各家各门，诸事诸时不同，以利破之，利钝效尽；以力破之，力竭势消；唯以法破之，道法自然。

我很早就知道尹利兄打算写这本书，算是全程见证者之一。从起初的一个念头，到真正开始落笔，过程并不是那么轻松。在高强度的创业过程中，他必须抽出凌晨的睡眠时间，伏案而作。我相信，这本集尹利兄 10 年人力资源从业经验的宝典一定能够帮助大家找到招聘的“鲁珀特小尾巴”，实现“天下俊才，尽入吾彀”。

资深人力资源专家　陈敏

这个说自己“放荡不羁爱自由”的小伙子，皮囊不错，灵魂也很有趣，但很少见他这么认真地创作文字。《社交招聘》的出版着实让我大吃一惊。仔细读过，我发现这个原本挺传统、专业的工作被他搞得有点“潮”，好在这本书的实操性特别强。

我想，这本书应该是尹利 10 年来在招聘前线持续承受炮火轰炸所积累的成果。他一直扎根于招聘前线，在招聘实践中带入了他个人的特质（真实、爱交际）。本书将招聘与社交融合，很有点天人合一的感觉，较彻底地解决了网络时代招聘来源的问题。

职友道创始人　杜海艳

尹利是一位兼具业务和招聘背景，既在知名互联网公司工作过，又在快速发展的创业公司工作过，在行业内屈指可数的招聘专家。他在《社交招聘》这本书中，以一个非常独特的视角，从底层逻辑去思考社交招聘的本质，同时书中还有丰富的案例和实操落地场景。

其实，社交招聘并不是新鲜事物。从古至今，成就大事者无一例外都具备非常强大的社交招聘能力，包括我们熟知的汉高祖刘邦、明朝开国皇帝朱元璋等。放眼未来，我不禁思考：社交招聘如何在这个瞬息万变的时代发挥最大的价值？如何落实到工作场景中？如何解决实际工作中的具体问题？也许这本书不一定能给你所有答案，但我相信它一定能带给你不一样的启发和视角。

好友及下属　狄文静

我与尹利共事了7年，一起经历了4家公司。工作狂、追求极致、不受限、爱反思、坦率都是他身上的典型标签。让我印象最深刻的是2014年我们一起经历的一家创业公司。当时，招聘团队的任务是帮助公司在一年内实现人员规模从500人增加到2 000人，招聘压力之大可想而知。就在我们觉得自己已经想尽办法的时候，尹利总会在你耳边大声地说“不够，还可以更好”“这件事怎么做才能更好”“这个方法你试了吗”。过程虽如同炼狱，但我们的思维却不断突破，方法与渠道也随之迅速增加。最终，我们圆满完成了任务，这段经历也常被我说成“超音速成长的一年”。

也是在这一年，我真正体会到了社交招聘的魅力以及它赋予我的能量。我很高兴地看到尹利将这么多年的积累、思考和实战总结成自己的理论并分享给大家。这本书的受众不仅包括初出茅庐的新同学、想进阶的HR伙伴，还包括所有招聘经理、想要了解如何有效开展职场社交的同道中人。学必求其心得，业必贵其专精，希望大家可以和我一样从这本书中受益。

序　一

人力资源管理与社会网络建构

中国人民大学商学院组织与人力资源系主任、教授　宋继文

第一次在公司做访谈，讨论大数据与人力资源管理时，尹利的博识就让我分外惊喜。我发现，对于很多可以进行研究的议题，尹利都有过一些思考。

听到尹利的专著顺利完成，即将付梓出版，我感到非常开心！这本书是尹利的第一本人力资源管理专著，聚焦于招聘中的社会网络理论与方法的运用。我盼望未来读到更多尹利创作的精品。

一、社会网络，从理论到实践

社会网络不仅仅局限于关系，它代表了我们与环境、社群、公司、团队、同事、亲人、朋友以及自己的互动。从 2001 年接触社会网络博士课程到今天，我做过一些研究，例如，社会网络对个人求职、团队创新绩效提升以及公司业绩等的影响。这些研究让我非常激动，因为我从网络结构中找到了社会资本的作用，也发现了组织行为中的管理秘诀。

但是，从理论到实践，具体是如何运作的？鲜活的管理事件与流程是如何体现社会网络的结构与内涵的？社会网络是如何变化的？我们如何运用社会网络的工具来分析招聘优势、寻找优秀的人才？我们如何保证通过社会网络寻觅到的人才能与公司的未来战略实现最佳匹配，同时这些人又有着极高的忠诚度与工作激情？这些问题时常萦绕在我的脑海。

当我看到尹利的新书时，顿时有了豁然开朗的感觉。我相信大家读了之后也会有自己的感悟，并愿意一起讨论若干与社会网络相关的议题。或许今后，尹利可以邀请清华大学的罗家德老师带领大家一起讨论，一起谈谈人力资源与社会网络的实践与学术研究。

二、社会网络与自我

我发现，尹利拥有独特的魅力，这种魅力不在于颜值或者年轻，而在于他积极的心态。有的时候，当我们看到社会网络的时候，会看到自己在网络之中的形象。如果用社会认同理论来解释，我们的社会资本可能体现了我们对自己过去、现在与未来的认同。我们在不断认同与确认中提升自尊与自我效能。所以，每个人的社会网络可能会发生变化，每个人的“自我”也在发生变化。

同理，我们被公司的使命愿景推向了新的层级与新的挑战中，我们会自发地改进与拓展社会网络，开展招聘工作。从这个意义上说，人力资源经理或者招聘经理是善变的：不断求新、求变，不断在新的领域发展与完善。我们的社会网络与工作内涵也在不断迭代、重构。

在这个过程中，我们可能会问：“这个工作有趣吗？”

在构建新的社会网络的过程中，最紧要的是聆听自己的心声，看这个工作是不是自己最喜欢的工作，构建过程本身是否有趣、有意义。责任推动我们，兴趣成就我们。

三、社会网络与转化

招聘是一件非常有意思的事情。前面谈到了从事招聘工作的人力资源经理。现在，我想谈谈换工作的人们。

很多时候，我们用工作嵌入理论去思考人们为什么会留在一家公司，或者人们为什么会辞职。如果人们嵌入一家企业很深，如匹配极佳、离开有损失或者在公司内已经加入了若干小团体等，就像挂在蜘蛛网上，不愿意轻易分手。然而，有时候，我们对自己的认识有了新的变化，或者对自己的社会网络有了不同的观感，或者有了新方向、新视野，也有可能主动重新建构自己的社会网络。

未来的社会网络研究可能会从对网络结构、网络内容的研究，拓展到对动态网络的分析与解构。一般而言，网络结构研究是人们最常考虑的，例如是否有结构洞等。别人通过你进行了连接，所以你是最重要的桥梁与中介。网络中的信任也是我们思索的核心，有了结构，没有信任，也不会有效果。然而，网络并不是静止的，是否主动建构网络、网络的环境以及构成网络的人发生变化等因素都可能影响结果。

从社会网络的视角看招聘，与我们对领导力的研究有几分相似。以往的文献多从领导本位的视角出发，探讨领导如何影响下属，潜台词是下属大多被动服从，除了印象管理等，鲜有下属主动影响上司。但是，目前的领导力研究开始与追随力研究结合起来，我们会探讨下属怎样去主动影响领导的决策与思考，如何以主动的追随者的形象站在领导的面前。

在招聘过程中，我们相中的人才，或许不是被动地被我们找到的，而是主动找到我们的。因此，未来的人力资源管理需要用人工智能或其他高科技的方法，以全新的目光去迎接人才的主动网络搜索与社会网络构建。人才构建了社会网络，招聘团队也有社会网络，我们在其中偶遇。

四、社会网络与历史

有的时候，当我们分析社会网络时，常常会回到故事的原点——我们的老家，我们之前工作的单位，我们的同学、校友，以及我们一起赞过的朋友圈。在社会网络里面，的确有亲人、熟人、陌生人，还有之前我们了解的前辈们的恩恩怨怨。徜徉于其中，我们犹如走入了社会与历史的长河中。这些都展现在我们面前，然而，这些又不是全部。我们会讨论自己的想法、创新的点子、智慧的火花、助人的心意、积极的畅想，而这些又是今天的、当下的、每时每刻的。因此，即使你没有大老板撑腰，没有万贯家财，你也可以用才华与情怀折服一众人才或一群招聘经理。

电话、邮件、微信、领英上的交流，面对面的谈话，此时此刻，就是一种连接，这也是一种社会网络的进行时态。把人作为节点的话，我们在连接；把时间或者事件作为节点的话，我们在连接；你读这本书的时候，我们也在连接。

期盼大家在尹利的书中获得启迪与滋养，期待未来会更好！

序　二

成就职业梦想

脉脉 CEO　林凡

身为职场社交领域多年的从业者，我观察到，在过去 20 年间，我国人才市场发生了巨大的变化。

迈入 2000 年，人才供给变得相对充分（高考制度日趋成熟），而企业需求相对匮乏（外企当时还是绝对的霸主）。当时，所有的人才都靠投简历获得工作机会。10 年过去，到了 2010 年，人才供给和企业需求进入相对平衡的时期，人才不太愿意求企业，企业也不太愿意放下身段求人才，于是猎头行业得到了充分的发展。不知不觉间，2020 年即将到来，我国的人才市场又将进入什么样的新阶段呢？

互联网行业一向是我国人才市场的风向标。最近这一两年，有一个非常有意思的现象：大量互联网公司到硅谷挖技术人才，而且付的薪资跟硅谷的薪资差不多甚至更高，所以大量的华人回国发展，也有不少国外的高端人才进入我国。看美剧《硅谷》时，有一个片段令我印象深刻：一位资深程序员刚刚从一家公司退出，就有无数公司的 HR 争先恐后地向他抛去橄榄枝，各种礼物堆满了他的房间，只为邀请他来公司参加面试。

未来的10年，我国将有更多的行业像互联网行业一样，对人才滋生无比的渴求，并能够付得起全球最高的薪资，在全球市场中争夺人才。到了那个时候，招聘的方式和投入都将发生巨大的变化。我的朋友尹利在互联网招聘领域工作了10年，他非常注重用社交招聘的方式实现自己的工作目标，并且擅长从中抽象出有效的方法论，于是便有了这本《社交招聘》。

我个人认为，未来10年，随着人才竞争越来越激烈，会有越来越多的HR学习并擅长使用社交招聘，为企业赢得关键人才。这本书作为国内第一本系统化描述社交招聘方法的书，来得非常及时。尹利毫无保留地把自己的经验都呈现在这本书中，相信它对抱有不同期待而来的读者都会有所帮助。

我和尹利之前并不算特别熟悉，2015年因为业务合作见过一次。这次，他通过社交网络找到了我，实践了本书介绍的技巧。通过交流和讨论，他将原来的九大理论、九大技巧和九大应用场景精炼为三大理论、五大方法和五大应用场景，以便读者记忆和实践。这么大的工作量，他只花了两天就完成了调整，执行力惊人，让我对他刮目相看。脉脉的使命是帮助每一位白领成就职业梦想，我们既希望优秀的人才在脉脉上自我提升之后，被擅长社交招聘的优秀公司纳入麾下，成就一番事业；又希望更多的HR能够掌握这个技能，成就自己的职业梦想。于公于私，我都希望这本书能够获得巨大的成功，给更多的人带来启发。

序　三

习惯是一种顽强而巨大的力量，它可以主宰人生

旷视科技高级副总裁　郑绍辉

尹利同学要出书了，刚刚得到这个消息的时候我确实很惊讶，倒不是觉得他写不好，而是惊讶于他在高强度的日常工作之余哪里来的能量。直到2019年7月的某一天，他的手稿出现在我的眼前，我才知道他当时不是说说而已，而是拿出了实实在在的行动。赞！

说起招聘这个古老的行当，最早可以追溯到“千里马常有而伯乐不常有”的那个时代。不过，那个时代的伯乐就是屈指可数的几个人。大规模工业化的时代让更多的伯乐穿梭在形形色色的组织之间，他们在各个组织的人才资源优化配置方面发挥着日益重要的作用。各个组织内从事招聘工作的人汇聚在一起，让招聘与人才管理形成了一个不断壮大的专业职能。

在信息化时代，人人都在伯乐与千里马之间变换着角色，每个人都在寻求伯乐的帮助，每个人也都在做着伯乐的事情，这让事与人之间的匹配过程日益高效。那么，人工智能时代来临之后，是不是就不需要招聘专家了？伯乐是不是就该失业或者准备退出历史舞台了？尹利创作的这本《社

交招聘》给出了清晰的答案。

对目前正在招聘行当中奋战的同行和正准备进入这个行当的准同行来说，身处人工智能技术革命的黎明期无疑是非常幸运的，正向我们走来的5G、机器学习、量子计算、脑机接口等最新技术将为我们展现一个完全不同的职业图景，提供更多的便利与选择。

然而，任何一次深刻的技术革命都会催生新的行业和行当，也会让原有的行业和行当枯萎。这到底是一个最好的时代，还是一个最坏的时代？这到底是一个光明的季节，还是一个黑暗的季节？其实，我们只要抓住书中提到的人类社交的本质，就没有什么能够改变我们对社交招聘蓬勃发展的信心，只不过社交招聘的形式与场景会随着技术的进步不断迭代。

花半秒钟就能看透事物本质的人，和花一辈子都看不透事物本质的人，命运注定是截然不同的。

《社交招聘》中的很多观点都非常抓眼球，而且有非常多的成体系的方法论。当然，并不是读了这本书就万事大吉了，读者要结合自己的发展阶段和平台，将书中讲到的五大要素、五大方法持之以恒地运用到各个场景中去，通过刻意训练和自律，进行长期的积累和磨炼，遵循1万小时定律，不断自我驱动、自我挑战、自我否定，这样才能在某一天的清晨突然发现自己已经打通了任督二脉，可以别开天地、另创一家了。

在这里，我想分享山本耀司的一段话："我从来不相信什么懒洋洋的自由，我向往的自由是通过勤奋和努力实现的更广阔的人生，那样的自由才是珍贵的、有价值的。我从来不相信天上掉馅饼的灵感和坐等的成就。做一个自由又自律的人，靠势必实现的决心认真地活着。"尹利今天在招聘专业上的造诣，特别是对社交招聘的独到认知，是通过10余年的自律与刻意训练才获得的。

让自己优秀起来的最佳方法就是保持一种好的习惯。伟大的哲学家培根说："习惯是一种顽强而巨大的力量，它可以主宰人生。"与大家共勉！

自 序

我在部队大院长大，小时候非常调皮捣蛋。上学后，除了学习不擅长，其他项目我都很擅长。大学时期，我更是放荡不羁，不及格的科目比及格的科目都多，最后通过各种补考踩着 68 分的及格线才拿到了学历和学位证书。毕业后，我辗转凡客、京东等多家公司，工作方面仍没有定性。

自 2012 年加入百度，我的工作才算正式驶入了快车道。我曾经开玩笑地说："很多人看过百度晚上 10 点的月亮，却很少有人见过百度清晨 6 点半的太阳。"我珍惜我在百度工作的每一天，更感谢我在百度遇到的每一位贵人：感谢佟迪的知遇之恩，不顾团队人员紧缺的困难，仍为我的个人发展着想；感谢刘小青的赏识之恩，给我施展空间，让我大展拳脚；感谢程成的教导之恩，没有做过我一天老板，却毫不吝啬，给予我指导，她在招聘工作方面是我最尊敬的师父；感谢 Grace，待我严厉又贴心。

但很可惜，没过多久，我就离开了百度。总体来说，我很感恩樊效在 2012 年到 2014 年之间带领的百度招聘团队。对我来说，在这个团队中工作是一个成长的机会，也是一份宝贵的恩赐。时至今日，我仍然怀念那一段快乐的日子。

之后的三年，我辗转于两家创业公司，亲身经历了“眼见他起高楼，眼见他宴宾客，眼见他楼塌了”的残酷的创业过程，也做过人力资源总监和商务拓展，又放荡不羁地过了三年。

在 2017 年遇到 Philip 后，我的职业生涯发生了很大的转折。我经常开玩笑地对他说：“如果在百度，论级别，您是我老板的老板的老板，高我三级。如今，我却能直接向您汇报工作。”更幸运的是，Philip 是一位正直、自律、严苛、谦逊且在战略和落地两个方面都无可挑剔的好老板。我这两年的进步有一半要归功于他的指导。

一年多以前，我的好友黄天文写了一本书——《引爆用户增长》。我对他说，我要写一本与招聘有关的书，但迟迟无法落笔。恰逢今年大学毕业 10 周年，为了证明我不是在吹牛，我打年初起就开始写这本《社交招聘》。在写的过程中，我发现市面上有很多招聘方面的书，但大多都是思维老旧或是流程工具化的。在各种论坛上，众多演讲者介绍的招聘方法和技巧又不够系统，有些根本是没有底层理论支撑的“野路子”。

招聘的底层逻辑源于社会学，我很早就读过格兰诺维特的论文《弱连接的力量》（*The Strength of Weak Ties*）和他写的《镶嵌》（*Embeddedness*）等书，对真实的招聘工作中的强连接、弱连接和枢纽节点有一定的思考。一次偶然的机会，我和中国人民大学商学院组织与人力资源系主任宋继文教授一起吃饭，她说我的招聘方法是有理论依据的，而且向我推荐了奇达夫等人写的《社会网络与组织》等著作，而且介绍我认识了清华大学的罗家德教授。这让我在理论方面有了更多写这本书的自信。

《社交招聘》这本书详细介绍了社交招聘的定义及其五大要素、三个圈子理论、三角共赢理论、五大方法、五大应用场景、人才地图（Talent

Mapping）、个人成长和团队养成，最后针对人工智能对未来招聘的影响做了思考和展望。

第一章介绍了社交招聘的定义以及社交招聘五大要素——人才库、弱连接、强连接、枢纽节点和二度连接网，这五个要素构成了社交招聘的基础框架。

第二章介绍的三个圈子理论和三角共赢理论可以帮助招聘者建立系统的思维模型。

第三章介绍了社交招聘的五大方法——“4 个 2”招聘法、二度连接招聘法、逆向招聘法、招聘同盟会和 KOL 招聘法，这些方法能够让招聘者的招聘技能更加丰富，变成一名真正的人才市场专家。

第四章介绍的社交招聘的五大应用场景则涵盖了招聘工作的方方面面，本章主要阐述了在不同情境下如何合理有效地运用三个圈子理论、三角共赢理论和五大方法，更好地开展扩张型招聘、高管招聘、校园招聘、内推运营以及与猎头的合作。

第五章详细介绍了人才地图这种稍显神秘的招聘方法，内容包括人才地图的目的、要素、分类、规范、内容和步骤等，以及若干基于真实招聘场景的案例。

第六章介绍了很多对招聘经理的个人成长非常有帮助的实用技巧。

第七章介绍了如何建设一支优秀的招聘团队，其中凝结了我多年来带团队的心得体会。

第八章把目光投向未来，思考了这样一个问题：在由人工智能、大数据、物联网等先进技术引领的第四次工业革命的大潮来临之时，招聘工作将何去何从？

这本书的观点都来自我在实战中的思考与提炼。若说书中有哪些内容是最值得读者去仔细研读和思考的，我认为社交招聘的五大要素、人才库的建设、三个圈子理论、三角共赢理论、“4个2”招聘法、二度连接招聘法、招聘同盟会、内推运营、人才地图、90分团队养成等部分都有不少小亮点。

我由衷地希望书中的思维、方法、技巧、心得可以引发读者的思考。如果大家读完这本书之后能有一些收获，那么我写这本书的初衷就算是实现了。由于本人水平有限，书中难免会有错误或不足之处，恳请广大读者朋友不吝赐教指正。

谨以此书纪念我最美好的十年青春岁月。

尹利

2019年7月21日于北京

目　录

第一章

社交招聘的定义和五大要素

心理学家米尔格兰姆曾经做过一个著名的实验，他给美国某个州的 160 位居民每人寄了一封信，并要求他们通过熟人将这封信转寄给另外一个州的一位股票经纪人。米尔格兰姆发现，大多数信经由 6 个人最终送到了这位股票经纪人手中。六度分隔（Six Degrees of Separation）理论就源于这个实验。

简单来说，六度分隔理论就是，你和任何一个陌生人所间隔的人不会超过六个。也就是说，最多通过六个人，你就能认识任何一个陌生人。如今，越来越多的事实已经证明，随着互联网的不断发展，世界变得越来越小，六度已经缩短到了四度甚至三度。六度分隔理论对招聘工作也有着很大的影响。

本书所介绍的社交招聘理论与方法，即来源于六度分隔理论。

1.1 社交招聘的定义

招聘工作在近10年来发生了翻天覆地的变化。2009年，在上海八万人体育场，每周六早上都会举办一场声势浩大的双选会。当时，我坐在一个2米宽的摊位中，与求职者做一对一面试。2012年，除了每天从早到晚盯着猎聘网、智联招聘、前程无忧上的新简历，我第一次开始使用领英。那时，领英的使用次数还没有上限。2014年之后，脉脉、拉勾网、BOSS直聘等社交招聘平台如雨后春笋般出现，迅速发展壮大，并不断创新迭代。

在此过程中，我不知不觉地经历了从招聘1.0向招聘2.0的转变。

- 招聘1.0：即传统招聘，典型平台有线下双选会以及智联招聘、前程无忧、猎聘网等线上平台，主要特征是被动式的简历投递、简历搜索等。
- 招聘2.0：即互联网和移动互联网招聘，典型平台有BOSS直聘、拉勾网、脉脉、领英等，主要特征是社交网络、即时通信工具、微信朋友圈等得到广泛应用。

想必很多招聘经理都或多或少存在以下困惑：

- 互联网和移动互联网的快速发展使招聘形式发生了翻天覆地的

变化，信息越来越透明，世界越来越小，但人却越来越难招；

❖ 每天浏览那么多投递进来的简历，却挑不出合适的人选；

❖ 翻遍了所有的招聘网站，却仍然找不到特别合适的候选人，要么级别和薪资不匹配，要么简历中的描述和真实能力不一致；

❖ 社交招聘平台上的好友越来越多，但大部分都成了“僵尸”；

❖ 在微信上加了许多优秀的候选人，但沟通内容都止步于“你好”“常联系”这样的客套话。

在今天这样一个信息过载的时代，层出不穷的创新工具给招聘经理带来了很多便利，但是，在与候选人建立联系和实际产出招聘结果之间，仍然有一道很难跨越的鸿沟。本书介绍的社交招聘有望成为帮助您跨越这道鸿沟的桥梁。

什么是社交招聘

我给社交招聘下的定义是：**通过对个人人才库的审视、布局、扩展、盘点，对强连接、弱连接、枢纽节点进行有效的持续运营，运用个人连接网及二度连接网成功招聘到目标候选人的过程。**

相比于招聘 1.0 和招聘 2.0，社交招聘最大的不同在于，招聘经理要通过人才库、强连接、弱连接和枢纽节点四个载体，建立人与人之间的多度连接，最终触达目标候选人。

社交招聘与招聘 1.0、招聘 2.0 的区别

社交招聘与招聘 1.0、招聘 2.0 的区别主要体现在以下六个方面。

（1）稳定性。社交招聘不受招聘经理当前服务的公司的限制，它是招聘经理软实力的体现，与招聘经理在行业中的影响力相关。一旦建立起社交招聘连接网，除非外部因素发生巨大变化（例如，换了一个城市工作，

需要在一个陌生的城市重新搭建社交招聘连接网），已经搭建好的连接和已经获得的资源就不会流失。

（2）持续性。很多人常常把所属公司的光环过度加持到自己身上，也有很多人在公司鼎盛时期四处“走穴”。我并不是想说“走穴”不好，通过这种方式确实可以结识很多行业中的重要人士。但是，有些人总在重复同一个主题，靠着公司的光环打造所谓的“个人品牌”，他们在自身的精进和成长方面多半会陷入边际效应递减的窘境。

我经常和团队成员讲一句话：“我们不可能一辈子待在一家公司，当你离开时，你带走的是什么？”这个问题想必很多人都思考过，刚毕业的年轻员工带走的是文化、精神、职场习惯，老员工带走的是经验，而一位招聘经理带走的是什么呢？

我认为是社交招聘连接网。

你所建立的社交招聘连接网不会因为你离开目前这家公司而断裂，它会伴随着你进入下一家公司，成为你的资源。

（3）延展性。通过已有的连接发展新的连接，通过延展的连接接触到更多行业内的优质人才，二度连接网因此而诞生。与此同时，从横向和纵向的角度去观察和思考一家公司和一个行业，招聘经理就能不断提升自己对不同候选人的判断力。

（4）质量高。每一位优秀的候选人都会认识至少5位以上同样优秀的候选人。认识一位优秀的候选人之后，以其为节点，就可以认识更多优秀的候选人。

（5）信任度不易被破坏。当招聘经理见过越来越多不同类型的候选人，有了一定的积累后，就会逐渐成为所在行业的人才专家。这时，招聘经理可以作为职业发展规划师，为候选人提供更加专业的职业发展建议。若候选人基于对招聘经理的专业度以及对企业的认可而与招聘经理建立起信任关系，则信任度不易被破坏。

（6）有助于提升招聘经理对行业信息的掌控力和对行业发展方向的判断力。与更多的候选人建立连接之后，招聘经理对行业的整体情况会有更加清晰的认知，对行业信息的掌控力和行业发展方向的判断力会更强。

我经常和招聘经理们讲，当你不了解一个行业时，就先跟 A 请教，第二天尝试把从 A 那里学到的东西去和 B 讲，第三天再把从 A 和 B 两方学到的东西去和 C 讲。积累到一定程度时，你就汇集了 A、B、C、D、E 等人的观点，再加上自己的思考、判断，也就知道谁是行业专家，谁不是行业专家了。

1.2 社交招聘的五大要素

150 定律（Rule of 150），即著名的“邓巴数字”，是由英国牛津大学的人类学家罗宾·邓巴（Robin Dunbar）在 20 世纪 90 年代提出的。他根据猿猴的智力与社交网络推断出，人类智力允许 1 个正常人与另外 148 个人建立稳定的社交关系，四舍五入后大约是 150 个人。

邓巴让一些居住在大城市里的人们列出一张与其交往的所有人的名单，结果他们名单上的人数都在 150 个人左右。

150 定律被认为是很多人力资源管理理论以及社交网络的基础。该定律指出，人类大脑新皮质的大小有限，其提供的认知能力只能使 1 个人与大约 150 个人维持稳定的人际关系，只能使 1 个人与大约 20 个人保持深入交往的关系。也就是说，人们可能拥有 150 个朋友，甚至拥有更多数量的社交网站上的好友，但在现实生活中只能维持大约包含 150 个人的“内部圈子”。“内部圈子”好友在邓巴的理论中是指一年至少联系一次的人。

对一位招聘经理来说，也存在着类似的“20 个人”“150 个人”，以及通过微信、脉脉等社交工具维护的数量可能超过 2 000 个人的好友，这三者便是社交招聘中的强连接、弱连接和人才库。在强连接和弱连接中有一些连接度非常高的人，我们称之为枢纽节点。另外，每个强连接和弱连接都有二度的强连接和弱连接，它们构成了每个人的二度连接网。

社交招聘的五大要素包括人才库、弱连接、强连接、枢纽节点和二度连接网，这五个要素构成了社交招聘的基础框架。只有掌握了这五大要素，我们对社交招聘的理解和应用才会有质的提升。

人才库是招聘经理的社交工具、招聘工具、个人数据库以及其他信息流的统称，强连接、弱连接和枢纽节点构成了招聘经理的个人连接网，二度连接网则是对招聘经理所能覆盖的个人连接网进行的二次延展。

下面逐一对社交招聘五大要素进行解读。

1.2.1　人才库——不积跬步，无以至千里

你有没有计算过，某个领域的核心人才到底有多少人？

在开始计算前，我们首先要明确核心人才的定义。核心人才是指对各家公司的业务发展发挥决定性作用的人，如一个事业部的总经理，技术、产品、运营、销售、营销、人力资源等职能部门的第一负责人，或者以上职能部门中拥有五年以上经验的骨干员工。

以互联网行业为例，这个领域的核心人才有多少呢？

我粗略地算过部分互联网公司的核心人才数量，具体如表 1-1 所示。

表 1-1　部分互联网公司的核心人才数量

公司	核心人才数量
腾讯	10 000
阿里巴巴	10 000

（续表）

公司	核心人才数量
字节跳动	8 000
百度	8 000
京东	3 000
快手	2 000
360	2 000
滴滴	3 000
美团	3 000
小米	3 000
其他公司	30 000

这些公司涉及多个领域，包括游戏、电商、影音、工具、社交、金融、教育和生活等。将所有领域加起来，我国整个互联网行业的核心人才约有10万人。这看起来是一个很庞大的数量，在一些规模较大的领域（如电商、游戏、社交和生活等），核心人才数量都在1万人以上。

我经常问我的团队成员："你们是否可以做到，每天加10位微信好友，包括面试的候选人以及通过脉脉、领英、猎聘网等渠道接触到的候选人？"

他们大多都说"可以"。不过，能做一天的人很多，坚持10年的人却很少。

我接着问："有谁算过，一位招聘经理从工作第一天开始，每天新增10位好友，10年后将有多少位好友？"

这是一道很简单的数学题。假设每年拿出50周，每周有5个工作日，每个工作日新增10位好友，那么10年后招聘经理将拥有10×50×5×10=25 000位好友。

这是一个令人吃惊的数字！

现在，微信好友的上限是5 000人，需要5个微信账号才能加满25 000位好友。当然，维护5个微信账号和25 000位好友看起来不太现实，但这些数字说明，在互联网行业的某些领域中，通过10年的持续运营，非常有可能建立一个超级人才库。

人才库的三大要素

人才库是招聘经理的人才储备基础数据库，是通过长年累月的积累，不断地输入、汇总、整理信息，通过四大承载工具进行合理分类而建成的。

人才库的三大要素是信息流、四大承载工具和九大分类（见图1-1）。

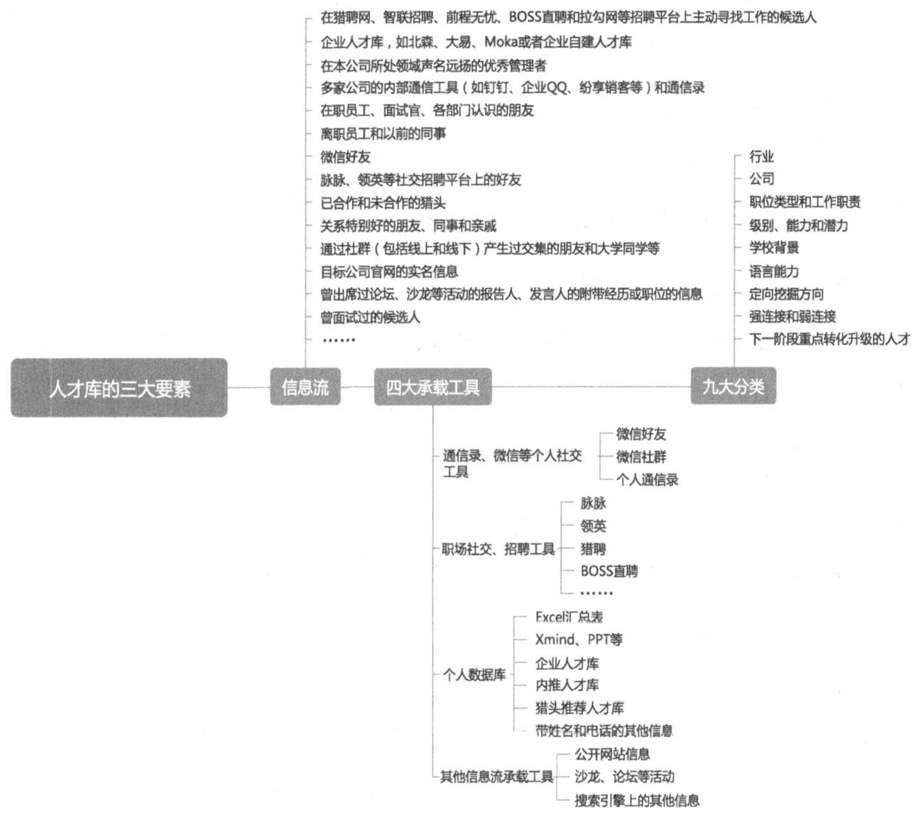

图1-1　人才库的三大要素

信息流

人才库的基础是所有信息流的集合，包括但不限于以下信息流：

- ❖ 在猎聘网、智联招聘、前程无忧、BOSS 直聘和拉勾网等招聘平台上主动寻找工作的候选人；
- ❖ 企业人才库，如北森、大易、Moka 或者企业自建人才库；
- ❖ 在本公司所处领域声名远扬的优秀管理者，如副总裁、产品总监、技术总监、运营总监和销售总监等；
- ❖ 多家公司的内部通信工具（如钉钉、企业 QQ、纷享销客等）和通信录；
- ❖ 在职员工、面试官、各部门认识的朋友；
- ❖ 离职员工和以前的同事；
- ❖ 微信好友；
- ❖ 脉脉、领英等社交招聘平台上的好友；
- ❖ 已合作和未合作的猎头；
- ❖ 关系特别好的朋友、同事和亲戚；
- ❖ 通过社群（包括线上和线下）产生过交集的朋友和大学同学等；
- ❖ 目标公司官网的实名信息；
- ❖ 曾出席过论坛、沙龙等活动的报告人、发言人的附带经历或职位的信息；
- ❖ 曾面试过的候选人；

……

四大承载工具

人才库的四大承载工具如表 1-2 所示。

表 1-2 人才库四大承载工具

四大承载工具	信息流
通信录、微信等个人社交工具	微信好友
	微信社群
	个人通信录
脉脉、领英、猎聘网、BOSS 直聘等职场社交、招聘工具	脉脉
	领英
	猎聘
	BOSS 直聘
个人数据库	Excel 汇总表
	Xmind、PPT 等
	企业人才库
	内推人才库
	猎头推荐人才库
	带姓名和电话的其他信息
其他信息流承载工具	公开网站信息
	沙龙、论坛等活动
	搜索引擎上的其他信息

（1）通信录、微信等个人社交工具。

① 通信录。招聘经理要确保自己在与候选人沟通时可以正确地叫出候选人的名字。另外，招聘经理要添加核心候选人的微信，避免日后失去联系。每一位优秀的招聘经理都应该掌握通信录的管理方法，市面上有多款 App 可用来管理通信录。

② 微信。我认为微信是所有联系方式中最重要的，虽然社交软件有很多种，可大家在交换个人联系方式时大概率都会以“我们加个微信吧”而告终。因此，无论在什么场景中，采用什么社交工具，人才信息往往都会汇集到微信中。

面对庞大的通信录，如何才能准确地辨别每一位候选人？微信标签分组管理、名称管理非常重要。有些招聘经理在添加完微信好友后，由于种种原因未能及时修改备注名，导致后来陷入无法辨别候选人的尴尬局面。

因此，一位优秀的社交招聘经理总会在添加微信好友后的第一时间修改备注名和标签（设置微信标签分类、备注名的诀窍以及微信使用注意事项将在 6.4.3 小节中介绍）。

（2）脉脉、领英、猎聘网、BOSS 直聘等职场社交、招聘工具。

① 脉脉、领英等职场社交工具。我们可以通过脉脉、领英等职场社交工具建立连接网，在不断延展连接网的同时，我们也可以积累大量候选人的联系方式、职位信息和其他与工作相关的信息。对招聘经理来说，管理好脉脉、领英等职场社交工具，并不断延展连接网、扩充人才库非常重要。

未雨绸缪地添加不同领域、不同专业、不同公司的人才，就能避免急需人才时临时抱佛脚的尴尬。自使用脉脉起，我坚持每天添加一定数量的候选人。至今，我在脉脉上已有 4 万个好友，覆盖了多家公司。哪怕和目标候选人不是直接好友，只要和目标候选人有几个甚至几十个共同好友，就能通过这些共同好友更加快速地触达目标。

② BOSS 直聘、猎聘网等招聘工具。将招聘工具与 Excel、Xmind、微信等结合，并合理使用招聘工具中的附加功能（如猎聘网的收藏功能），经过日积月累，就能很好地建立人才库。

（3）个人数据库。

① Excel 汇总表——基础数据信息流汇总。在 Excel 汇总表中录入信息并不断完善该汇总表是每一位招聘经理每天都要做的功课。合理的表头设置可以让每天新增人才信息的录入操作更加简单，还能帮助招聘经理在第一时间将人才的简历与其微信、脉脉、领英、通信录等联系起来。

Excel 汇总表应设立多个横向坐标，包括目标职位、现任职公司、现任职部门、现所处领域、现任职位、擅长技术语言（技术类）、背景（曾经任职的公司以及参与过的有重大价值的项目）、联系方式（微信、脉脉、领英账号和电话等）、薪资情况（包括现金、股票期权等）、是否看机会以及看哪类机会等多个方面的信息。

这些信息流决定了人才库的体积。正如本小节标题所言，不积跬步，无以至千里，做好这些信息流的汇总就是“跬步”。

② Xmind（Visio）——强、弱连接布局与枢纽节点布局的承载体。很多招聘经理都用过思维导图工具，如 Xmind。在长期跟进某家公司时，思维导图可以一目了然地展示每个组织的情况，也可以让我们通过标记的方式判别核心人才、高潜人才、创始人以及绩效较差的人等。思维导图还能帮助我们维护强连接、升华弱连接、梳理枢纽节点。

（4）其他信息流承载工具。

其他信息流承载工具包括公司对外的网站、沙龙、论坛以及通过搜索引擎搜索出来的结果等。将这些公开信息或者公司在不经意间传播出去的信息收集、整理好，也是一位优秀的社交招聘经理应当做好的工作。

九大分类

信息流虽然覆盖面广，但不方便随时查阅，所以我们必须对信息流进行整理。人才库的九大分类就是基于整理信息流的需要形成的。

（1）按照行业划分。招聘经理可以根据自己所处的行业建立人才库。例如，我在负责百度贴吧期间，针对腾讯 QQ、QQ 空间以及豆瓣等各大社交平台的人才进行了长期的积累。

请思考：你希望认识哪些行业的核心人才？你一共接触过几个行业？

（2）按照公司划分。招聘经理要对某些人才相互匹配度较高的竞争公司进行深入的了解。

这里有一个小技巧，如果你在招聘网站上发现有些公司招聘的职位与你正在招聘的职位相似，要求也接近，就说明这家公司很可能有你需要的人才。

我们可以对各家公司的人员进行以下分类：

- ❖ 不看机会，但可以保持长期联系的人；
- ❖ 信息资源（包括引导推荐、组织和战略变化等信息）丰富的人；
- ❖ 可以立刻干活的骨干。

（3）按照职位类型和工作职责划分。拿移动互联网领域来说，职位一般分为技术、产品、运营、市场和销售等。技术可以划分为不同的技术栈，研究方向也有不同。产品则可以分为社交型产品和工具型产品等。

（4）按照级别、能力和潜力划分。我们要定期盘点人才库里面的所有人，辨别出哪些人具有较大的影响力，哪些人是某行业或领域中的意见领袖（Key Opinion Leader，KOL）。

每隔半年或一年，就要了解一下候选人的级别是否发生了变化。例如，我会重点关注副总裁、总经理、总监、经理和骨干这几层。与此同时，要尽可能多地结识某个组织的负责人或者骨干，与他们交流时要了解他们的成长路径，思考他们在每次转换职位或角色时是如何决策的。

另外，关注同一级别的朋友也非常重要，因为他们会陪着你一起成长。10 年后，他们可能会成为你在事业上的伙伴甚至行业翘楚，你们之间的友情经历岁月的洗礼之后会更加坚固。

招聘经理要具备成长意识，并有意识地结交、挖掘有潜力的朋友。工作之前认识的朋友和成长之后结交的朋友，你和他们的感情基础是不同的。在你成长的道路上，有潜力的朋友能给你带来很多帮助和支持。

（5）按照学校背景划分。针对技术类、管理类或金融类的人才，要重点关注国内外知名高校。例如，某人工智能公司十分关注清华大学、北京大学、上海交通大学、浙江大学等高校的技术类人才。长期维护一个名校人才库，名校人才库中的校友们就会成为招聘经理的强连接和弱连接。如果有幸遇到一位节点型人才，那么他很可能帮助你将某一届甚至前后届的优秀人才一网打尽。

（6）按照语言能力划分。这种划分方法常被运用在一些来自师范类高校、教育类专业的人才以及对语言能力有一定要求的大型跨国公司上面。

（7）按定向挖掘方向划分。定向挖掘方向一般是以上提到的多个维度的组合，如社交类产品总监、Java 语言技术总监、大数据架构师等。通过定向挖掘可以积累处于多个维度交叉点的人才。

（8）按照强连接和弱连接划分（重点标注枢纽节点）。强、弱连接的划分和枢纽节点的标注对人才库来说至关重要。这里要特别提醒的是，标识要统一，以便长期使用。

（9）按照下一阶段重点转化升级的人才划分（约吃饭、约喝咖啡或深入交流）。需要在下一阶段进行转化的人要着重标记，在接下来的工作和生活中要有意识地与这些人拉近关系。

在建立人才库的过程中可能遇到的问题

为什么有些人即使坚持积累，也无法建立一个有效的人才库？

你是否思考过，为什么你的人才库总是杂乱无章？究其原因，是因为你的信息流、人才库分类和承载工具十分混乱。

造成人才库混乱的具体原因主要有以下三条（见图 1-2）：

- ❖ 信息流分类不清晰；
- ❖ 信息流没有承载工具或已有承载工具内的信息流十分混乱；
- ❖ 不同分类的承载工具不明确或不同承载工具内的分类不明确。

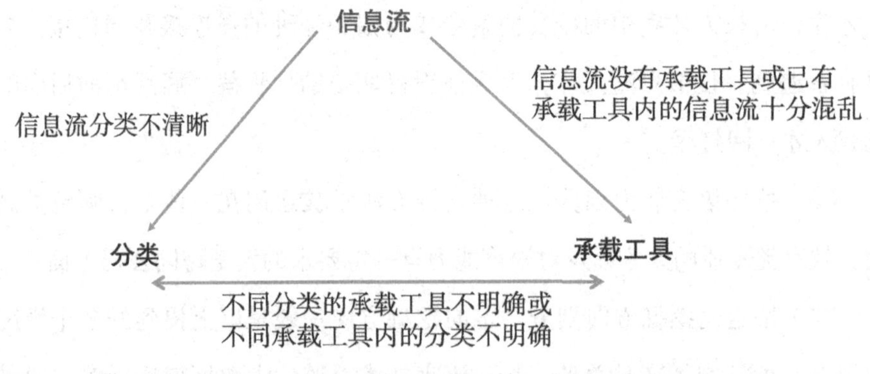

图 1-2 人才库的三大要素及人才库混乱的原因

建立一个优质的人才库的要点

前面介绍了人才库的三大要素——信息流、承载工具和九大分类，下面介绍建立一个优质的人才库需要注意哪些要点。

（1）切忌狗熊掰棒子。你认识的所有朋友，都需要你认真地进行积累和沉淀。我遇到过不少从业超过 10 年的招聘经理，他们很少做日常的积累和沉淀，结果做了 10 年招聘之后，对行业人才的积累几乎为零，因为所有打过交道的人都被他们狗熊掰棒子般地丢掉了。到最后，他们仍旧在依靠最传统的几个渠道不断地重复作业。这是做社交招聘时最要不得的习惯，也是最应该立刻改掉的坏习惯。

（2）未雨绸缪，思考人才库发展方向。在开始建立人才库之前，先要分析自己需要哪些方面的人才，列出最核心的 30~50 个关键词。哪怕现在完全没有招聘需求，也可以想想在未来可能需要哪些人才。

在这里，我们拿一家以社交类 App 为核心产品的公司为例，介绍其招聘经理需要在哪些方面进行人才储备。

① 社交类 App 产品类人才。大多数以社交类 App 为核心产品的公司都是产品驱动型的，所以产品人才是最核心的人才。我曾听说过，某家以社交类 App 为核心产品的公司在找产品经理时，甚至从多家投资公司擅长社

交方向的投资人里面找。

② 技术和设计类人才。

③ 市场投放和公关类人才。

产品形态不同的公司对人才的要求也不同，所以不同公司的招聘经理要根据自己公司的需求建设人才库。除了根据公司业务类型，还可以根据目标公司的维度进行人才储备。

在这里继续拿上面那家以社交类 App 为核心产品的公司为例进行说明，如果其技术团队做过同类产品，那么只要技术栈合适，其人才的选择面还是比较广阔的。

提前进行人才预备，是为了在突然产生相关需求时不会陷入慌乱。这要求招聘经理进行前瞻性的思考，思考未来的业务可能产生什么样的需求，并逐渐成长为外部人才专家。这也意味着，招聘经理对其他同类公司的了解越深越好。

（3）标签管理。针对不同的人才库渠道，需要使用不同的标签，对不同阶段、类型、状态的候选人进行标记。

人才库渠道包括微信、Excel、Xmind、脉脉、领英和猎聘网等。Excel 中不同状态的候选人可以用不同的颜色加以区分，Xmind 可以帮助我们更好地识别需要在下一阶段转化的强连接和弱连接，脉脉置顶消息、领英收藏夹、项目管理、猎聘收藏夹等都是很实用的工具。

选择标签时并没有一定之规，只要自己用起来顺手即可，例如，某种颜色代表“核心高潜”，另外一种颜色代表“不看机会但需要长期跟踪”，只要自己能看懂并长期保持统一即可。

（4）思考可以与人才库中的哪些人建立强、弱连接。人才库是下一步建立强、弱连接的基础，只有时刻思考并标注自己的强、弱连接，时刻布局自己的强、弱连接，才可能成为人才库管理专家。

【案例】候选人状态标签

公司A技术总监甲最近一年内不想换工作，我用表情符号“哭”做了标记；技术经理乙是核心人才，且非常愿意看机会，我用红色星星做了标记；我准备与产品总监丙发展强连接关系，我用红色的心做了标记；产品经理丁短期内不看机会，我用绿色星星做了标记，如图1-3所示。可用的标签有很多，保证标签统一且自己能看懂就行。

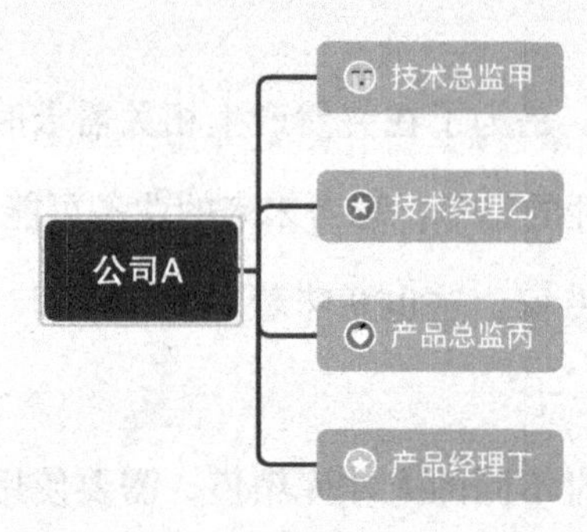

图1-3　公司A不同人员的标签

（5）放手去做。我经常和我的团队成员说这样一句话：“种一棵树，最好的时间是十年前，其次是现在。”

“Just do it”（放手去做）这句话看似简单，但背后却隐藏着千千万万的可能性。

你不需要过多地考虑你认识的人的级别高低，不需要过多地考虑自己的能力是否足够。如果不去做，你就无法获得不同的视角。没有行动，任何想法都不可能变成现实。

真正的行动派永远是少数，但真正的成就永远属于行动派。

1.2.2 弱连接——弱连接带来机会

> 强关系提供资源，弱关系带来机会。
>
> ——罗家德，《复杂》

我们可以从关系持久程度、互动频率、亲密程度和互惠内容四个维度将人与人之间的关系划分为强连接和弱连接。

强连接最可能产生于个人与核心家庭成员、挚友、工作搭档、事业合作伙伴、主要客户之间，表现为在生活和工作中有较多的互动机会。

与强连接相比，弱连接的范围更为广泛。人们与同学、朋友、亲友、邻居之间都有可能产生弱连接，甚至曾经的强连接也会因为沟通和互动机会的减少而转化为弱连接。

弱连接

弱连接是指交流和接触较少的关系，表现为互动次数较少、感情较弱、亲密程度低、互惠内容相对单一。弱连接在社交招聘中发挥着非常重要的作用，它是不同招聘者之间传递信息的有效桥梁。

建立弱连接是将人才库中的人转化为普通朋友的第一步，它意味着双方对彼此有了一定的认知。

在社交招聘的五大要素中，弱连接与人才库的最大区别在于：形成弱连接关系的双方彼此建立了对对方的认知。

在《至关重要的关系》一书中，作者引用了1973年格兰诺维特对职场弱连接的研究：格兰诺维特对波士顿刚换工作的职场人士做了随机抽样调查，询问他们是如何找到新工作的。有些人说自己是经朋友介绍才找到新工作的，格兰诺维特继续追问这些人和介绍人的见面频次，问他们和介绍人是经常见面（一周两次）、偶尔见面（一年一次以上，一周两次以下），还是很少见面（一年一次或者更少），只有 16% 的人选择了“经常见面”，其他人要么选择“偶尔见面”（55%），要么选择“很少见面”（27%）。也就是说，为他们推荐工作的人大部分与他们是弱连接关系。

格兰诺维特将这篇论文命名为《弱连接的力量》，他在论文中总结道：“那些你不太了解的朋友正是能为你推荐好工作的人。”

这个调查结果很好地说明了一点：不要盲目看好与自己关系很好的朋友推荐的工作机会，因为其成功概率相对较低。

作为一名招聘经理，你必须不断地扩展自己的弱连接，让与自己有弱连接关系的人周围的朋友们在找工作时第一时间就能想到你，这样你在社交招聘方面的影响力才能不断增强。

社交小圈子容易让一群有共同点的人们聚集在一起，但这个圈子会因为同质化过于严重导致你找不到更多的机会。例如，你和你的好朋友工作性质相同，或者拥有同样的学习经历。当你和他的关系越来越亲密时，不知不觉间你们很容易互相模仿，你们也很容易彼此介绍一些与自己有共同语言的其他朋友。这的确很棒，但是你们受到了某种自身难以察觉的局限，你们很难接触到这个小圈子以外的信息，与你们有强连接关系的人很容易相互重合。同时，与你们有弱连接关系的人很可能全都处于这个小圈子之外。

格兰诺维特曾说，弱连接可以成为联系另外一个世界的桥梁，它可能会给你带来你所不知道的信息和机会。

通过弱连接，你可能会找到更多对你们公司、对你们公司的空缺职位感兴趣且十分匹配的候选人。这样一个基于弱连接的关系网，才是每一位招聘经理最有价值的“虚拟资产”。

弱连接的产生

弱连接是由人才库转化而来的，人才库是所有招聘方面的信息流和基础数据库。我们要经常梳理人才库，锁定下一步需要建立彼此认知的好友，或者将新的信息流引入人才库，再转化为弱连接。

随着外界信息流的持续流入，我们要不断扩充自己的人才库，与人才库中的人建立弱连接，或者通过弱连接联系到符合目标职位要求的人。每天给候选人打电话、面试就是为了将人才库转化为弱连接。随着弱连接的不断增加，我们的弱连接网络就会随之扩大。

与自己有弱连接关系的人变成候选人比较容易理解：与你有弱连接关系的人恰好符合目标职位的要求，你只需快速邀请其面试即可。不过，如何让与你有弱连接关系的人的朋友最大化地参与到招聘中来呢？

请看图 1-4，目标 B 不看机会或者机会不合适的时候，可能目标 B 的朋友目标 C 恰好与招聘职位相匹配。

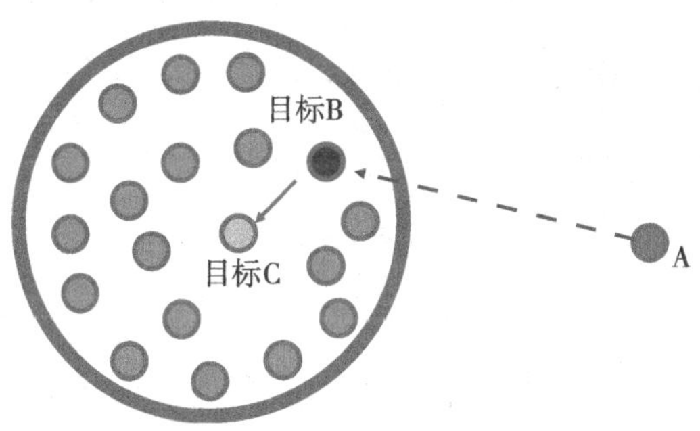

图 1-4 通过弱连接与目标候选人建立联系

大多数职位的候选人并不直接存在于我们的个人关系网中，或者说，个人关系网没办法覆盖足够多的人才。这时，你需要快速建立、编织你的弱连接网络，通过它联系到目标候选人。此后，目标候选人也将成为你的二度连接网（详细介绍请参阅 1.2.5 小节）的成员。不断扩大弱连接网络的目的之一便是不断延伸二度连接网的边界。

弱连接的特性

弱连接主要具有以下三个特性。

（1）覆盖范围广。弱连接可以覆盖多家公司和多个领域。通过有目的地扩大弱连接网络，我们可以实现对目标公司或目标行业的全覆盖。

（2）变化性强。无论从人才库转化为弱连接，还是从弱连接转化为强连接，都具有很强的变化性。

（3）稳定性较弱。不及时维护弱连接，关系就会慢慢疏远。

小测验

以下哪些人与你有弱连接关系？

- ❖ 微信上加了好友但从没说过话的候选人；
- ❖ 微信上加了好友之后有过几次工作交流的同行；
- ❖ 业务部门的初面面试官（每次面试的时候打个招呼）；
- ❖ 业务部门很喜欢跟你一起玩的面试官，一起打过很多次桌游，他们做部门团建时也喜欢带着你，还和你一起吃过很多次饭；
- ❖ 和你一起参加某次会议的人；
- ❖ 领英上新加的好友；
- ❖ 脉脉上加了好友但没交流过的某大公司的人力资源副总裁；
- ❖ 脉脉上经常聊天、探讨问题、分享候选人资源但一直没加微信好友、也没见过面的异地朋友；
- ❖ 见过两次、正在谈 Offer 的候选人；
- ❖ 简历库里曾经来公司面试过的候选人。

1.2.3 强连接——强连接提供资源

> 强、弱连接有四个衡量维度——关系久暂、互动频率、亲密程度以及互惠内容。
>
> ——罗家德

强连接是具有弱连接关系的双方接触的频次和时间达到一定程度之后转化而来的，双方之间的信任度增强了，他们相互包容、理解、支持，并且愿意成就彼此。他们通常是与你互动次数较多、感情较深、亲密程度较高、互惠内容多元化的朋友。

与你有强连接关系的人主要分为两类：一类是跟你关系很好，拥有很多行业信息，能帮助你提高行业认知高度，愿意与你交流行业心得的朋友，但他们背后的连接数量相对较少，没有广泛的社交网络，或者稳定地在同一家公司工作；另外一类是背后有数量庞大的连接的枢纽或节点型人物，本书将这种拥有大量连接的人称为枢纽节点，他们是招聘经理需要持续维护和关注的关键人物。

拿一个村子打比方的话，前一类人有点像村主任，在村子里拥有很强的影响力；后一类人有点像村里的媒婆，和村里所有的人家都很熟悉。

第一种强连接可以帮助招聘经理增强对行业的理解力，提升招聘经理对各家公司人才的判断力，还能为招聘经理提供不少在行业内有影响力的人才的信息。通过强连接，招聘经理能够做到对本行业内各家公司的核心人才如数家珍，虽然可能无法建立特别多的行业连接网，但是对各家公司业务能力的判断会比较准确。

第二种强连接可以帮助招聘经理快速建立一个社交招聘连接网。枢纽节点本身就掌握着一个社交招聘连接网，他们建立了大量的强连接和弱连接，招聘经理可以通过他们快速触达目标公司的连接网。

只有时刻对枢纽节点进行复盘、布局，才能编织出一个有效的社交招聘连接网。通过强连接延展出的连接网实现招聘结果，无外乎这样几条路径：强连接—弱连接，强连接—强连接，强连接—强连接—强/弱连接（三度连接）。

强连接的特性

强连接主要具有以下四个特性。

（1）延展性强。通过强连接可以触达更多的人，从某种意义上来说，一度强连接可以将与自己有强连接关系的人和自己“合体”。通过一度强连接可以发展出二度强连接，通过二度强连接可以发展出三度强、弱连接，具体如图 1-5 所示。

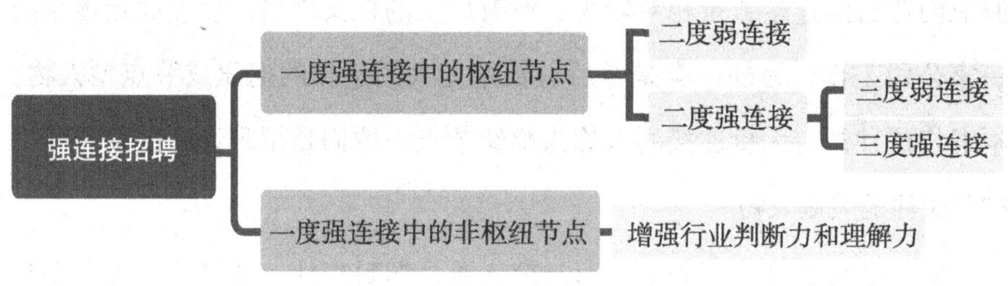

图 1-5　强连接的延展性

（2）稳定性强。从招聘成功率来说，一度强连接的稳定性远高于一度弱连接，二度强连接的稳定性也要高于一度弱连接。

> A 通过一度强连接和二度强连接，即通过 B 和 C，迅速找到了目标候选人 D。由于 A 和 B 之间、B 和 C 之间的关系都是强连接关系，故这两个强连接可以实现快速“合体”，从而帮助 A 很快地找到 D，如图 1-6 所示。

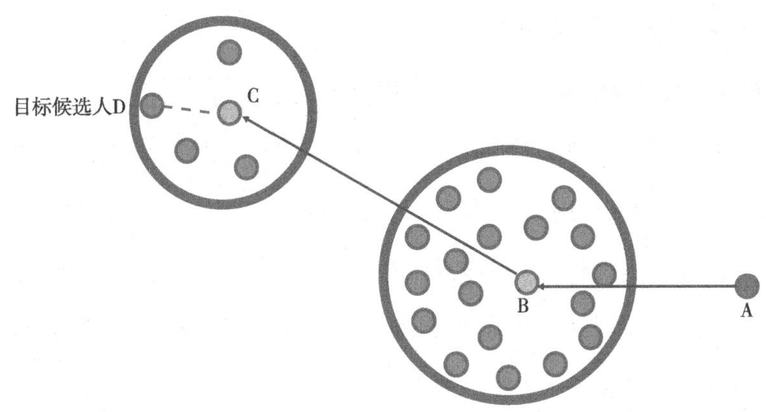

图 1-6　强连接的稳定性

根据候选人是否在本公司以及目标公司，招聘经理可以制定如图 1-7 所示的强连接招聘策略。

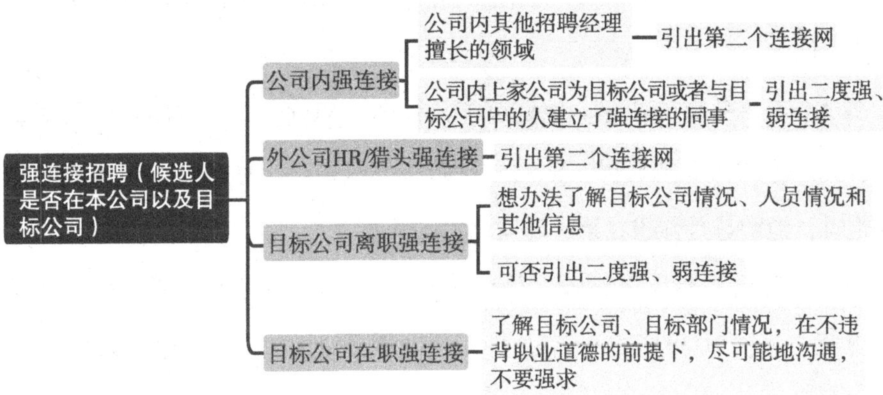

图 1-7　不同强连接的特点

（3）可与弱连接相互转化。如果不对强连接加以经营，那么双方的关系就会逐渐变淡，最后转化为弱连接。不过，只要精心维护，弱连接同样可以转化为强连接。

（4）持续时间久。强连接可能会伴随我们五年、十年甚至终生。

谁和我们有强连接关系

和我们有强连接关系的人主要可以分为以下五类。

（1）事业帮手。他们总是在适当的时机出现，而且能够帮你解决困难。他们拥有足够的专业技能，而且和你同心同路。

（2）兴趣相投的朋友。他们是在生活中与你结识的朋友，与你的工作有交集的人，或者在工作圈子里相互认识后发现双方有相同兴趣爱好（如篮球、棋牌、爬山和音乐等）的好友。

（3）无私的中介和信息互换者。他们有无数的资源，愿意无条件地帮你牵线搭桥。一旦知道你需要什么，他们会立马张开庞大的有效网络帮你找到目标候选人。

同时，他们也可能是纯粹的职场朋友，乐于在不损害自身公司利益的前提下与你互换信息，甚至可能是友商或者你在工作中熟识的同领域、同职能的伙伴。

（4）不可分离的伙伴。他们可能是你的工作伙伴，也可能是你的情感支柱。当你有需要的时候，他们总是站在你身边。当你生命中有重大事件发生时，他们总是你想在第一时间联络的人。

（5）引路人和人生导师。他们不仅帮助你开阔视野，还鼓励你接受新事物、新想法和新观念，这些人通常是你的老板或者行业内的资深专家。

好的引路人可遇而不可求，人生导师则更加珍贵。能遇到人生导师可谓三生有幸，他不仅是你的引路人，还能为你指点迷津，与你分享人生经验。

小测验

以下哪些人与你有强连接关系？

❖ 大学时期宿舍上铺的兄弟，已经有半年没联系了；

❖ 一起共事 3 年的本部门其他招聘经理；

❖ 本部门新来的招聘经理，刚认识，互相印象不错；

❖ 业务部门总监，每天都在通过招聘支持他的部门；

❖ 公司 CEO；

❖ 面试来了几次的候选人，正在谈 Offer；

❖ 刚从公司离职、以前相处得很好的朋友。

1.2.4 枢纽节点——社交招聘的命脉

当越来越多的人把某个人当成朋友，也通过这个人认识了更多的朋友时，这个人就成了这群人的一个枢纽节点，社会学称之为“结构洞”。

> 结构洞是指两个关系人之间的非重复关系。结构洞是一个缓冲器，相当于电线线路中的绝缘器。其结果是，彼此之间存在结构洞的两个关系人向网络贡献的利益是可累加的，而非重叠的。
>
> ——罗纳德·博特（Ronald Burt），《结构洞：竞争的社会结构》

对招聘经理来说，枢纽节点是指其连接网中少数连接度非常高的节点。枢纽节点在连接网中的任意强、弱连接之间建立了捷径。图 1-8 中的中心点 A 因为将含有大量节点的各个小圈子连接起来，构成了一个连接网，所以成了一个非常有价值的枢纽节点。

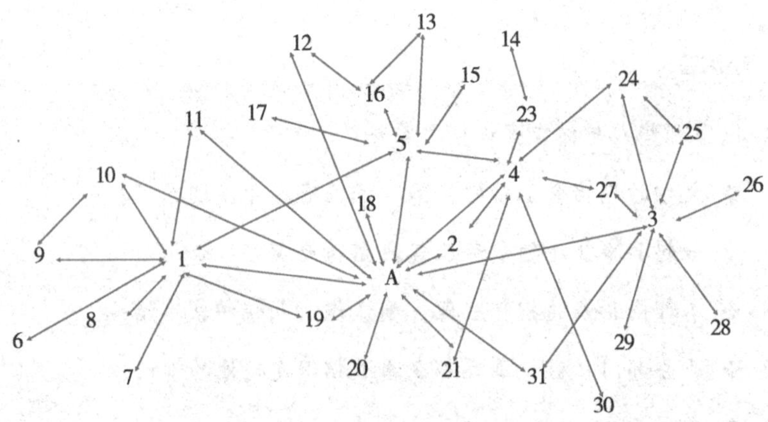

图 1-8 枢纽节点 A

在某个垂直领域工作超过 20 年、曾在行业内三家头部企业工作过且目前担任高管的朋友，或者在某个行业里拥有 10 年以上经验的资深招聘经理或猎头，都是典型的枢纽节点。

在由单个枢纽节点支配的连接网中，网络呈现出“小世界”的特性，也就是很多人说的“世界太小了，原来你和 ××× 的关系这么好，我们早该认识一下”。枢纽节点是社交招聘的命脉。因为枢纽节点建立了非常多的强、弱连接，所以枢纽节点可以在整个社交招聘连接网中建立捷径。

图 1-9 是以公司为划分依据的枢纽节点覆盖分析图，图中有 A、B、C、D、E、F、G、H、I 九家不同的公司，四个圆圈分别代表在各家公司之间形成的四个连接网，圆圈中小圆点的多寡反映了人才库及强、弱连接数量的多少。

通过图 1-9 我们可以看到，只要认识了甲、乙、丙、丁四个人，就可以覆盖九家公司的连接网。其中，甲在 A、B、D、E 四家公司中建立了大量的强、弱连接，所以甲是一个典型的枢纽节点。

图 1-10 是以职能为划分依据的枢纽节点覆盖分析图，图中有销售、产品、工程、HR、运营、算法、市场、政府关系、设计九个不同的职能，四

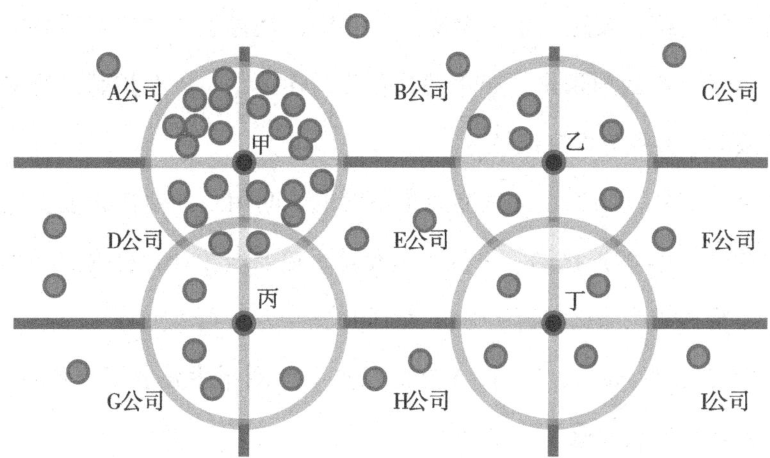

图 1-9　以公司维度划分的枢纽节点覆盖图

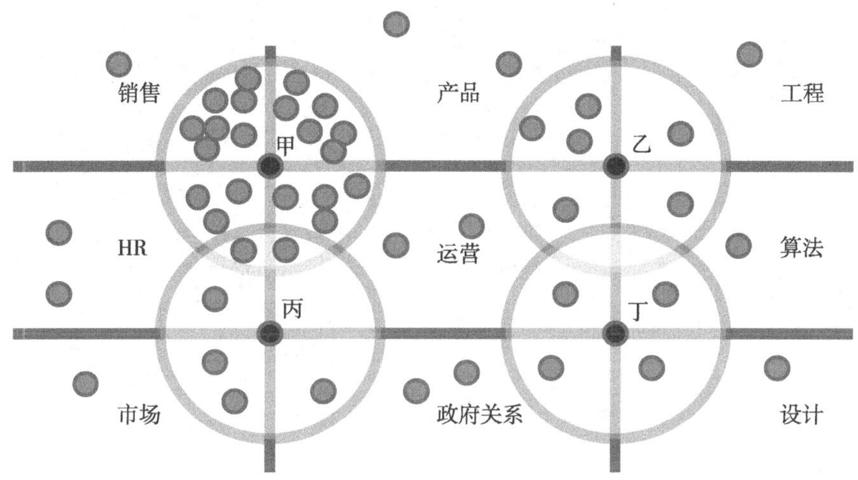

图 1-10　以职能维度划分的枢纽节点覆盖图

个圆圈分别代表在不同职能之间形成的四个连接网，圆圈中小圆点的多寡反映了人才库及强、弱连接数量的多少。

其中，甲因为在销售、产品、HR、运营四个领域积累了数量庞大的强、弱连接，所以成了这四个领域中的一个枢纽节点。

对招聘经理来说，枢纽节点就是在社交招聘网络中具有极高的连接度，拥有非常庞大的人才库，在某些行业或者职能领域积累了大量的强、弱连接，跨职能、跨公司建立了一个交叉连接网，且善于维护这些招聘资源的节点。枢纽节点因为积累了非常多的强、弱连接，所以在招聘过程中可以快速连接两个节点，建立捷径。

每个人的强、弱连接管理能力是不同的，套用二八定律来说就是 20% 的人掌握着 80% 的连接网。一位招聘经理不仅要努力让自己变成一个枢纽节点，还要不断地深化和其他枢纽节点的关系。

图 1-11 中的 A、1、3、4、5 分别在多个小圈子中建立了广泛的连接，这五个人都是典型的枢纽节点。

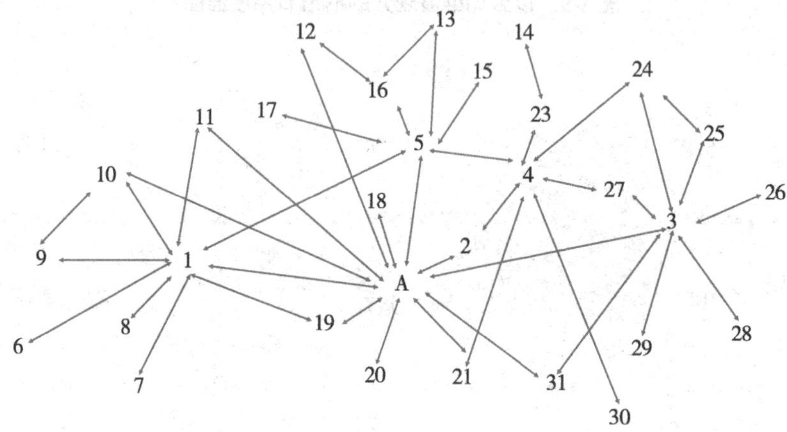

图 1-11　枢纽节点 A、1、3、4、5

多个枢纽节点可以组成一个招聘同盟会（详细介绍请参阅 3.5 节）。

谁是你身边的枢纽节点

一位优秀招聘经理，首先要让自己成为一个枢纽节点，只有自己成了枢纽节点，才能为更多的候选人提供更多的工作机会，或者帮助其他人找到自己所处的连接网中的其他人。

一位优秀的招聘经理应该拥有哪些枢纽节点呢？

（1）公司内部的招聘团队。公司内部招聘团队的伙伴们应该是你最强大的枢纽节点，他们之前在不同的公司任职，拥有不同的教育背景，在不同行业、不同领域中有过招聘经验，各自的擅长点也不尽相同。

不过，招聘团队的伙伴们成为你的枢纽节点也有一个前提条件，那就是你需要对他们有充分的了解，而且他们也系统地梳理过自己的强、弱连接。如果招聘团队的所有成员对自己和其他伙伴的优势都有足够深入的了解，那么这将是一个战斗力极强的招聘团队，一定能做到精诚合作、互利共赢。

甲来自公司A，甲做的是技术类职位的招聘；同部门的乙并不了解公司A的情况，不过有一个核心的产品类职位可能存在于公司A。这时，乙就需要甲引荐公司A在这个产品类职位任职的人。这样的情况多起来之后，就形成了一张“招聘经理连接网拼图”（详细介绍请参阅7.6节）。

在内推方面积极性较高的内部员工沟通群也是一种有效的工具。为了让这些尝过“内推奖”甜头的员工更加积极地内推，一些公司成立了内推员工沟通群。每当有新职位释放出来的时候，招聘经理可以在第一时间通知群里的各位内推达人，鼓励他们帮助自己寻找合适的人才。

（2）其他公司的招聘经理和公司所处行业的资深猎头。招聘经理要有意识地了解其他公司的招聘经理和公司所处行业的资深猎头都在做什么、怎么做，因为他们都在建立不同行业、领域、公司的人才库和强、弱连接。只要和他们持续共享资源和连接，就一定能实现共赢。

（3）公司内部的高级管理者。这些管理者是与你一起并肩战斗的战友，他们对行业和市场有着超群的判断力，他们是行业内的KOL，对行业有着深刻的理解，包括行业内最优秀产品背后的人才情况。

（4）行业内其他公司的高级管理者。招聘经理需要了解行业内有哪些顶尖人才，哪些人曾经在公司发展过程中制造过“麻烦”，行业内如何评价他们，他们的优势和劣势是什么。

招聘经理还要有意识地去接近这些人，或者这些人的团队中的其他成员，以此了解其工作模式，了解团队中的核心贡献者有哪些人。

如果没有办法和这些人建立直接联系，就努力和其团队中的核心成员建立联系，尽可能地接近他们。

（5）公司内部跳槽频繁的员工或者经常出去参加各种活动的人。一般来说，跳槽频繁的员工是典型的社交达人，他们在不同的公司有过任职经历，可以对各家公司进行横向对比。

例如，我们公司就有一位跳槽相对频繁的员工，他虽然是“90后”，但已经在行业内的三四家公司工作过，他可以提供大量的关于友商的一些真实情况，包括公司运作模式、核心人才情况、组织架构设置、内部派系和团队存在的问题等非常有价值的信息。他也是一位内推达人，推荐了大量的候选人成功入职。当行业内的其他公司有一些动态的时候，你去问他，他一定能帮你问到细节，而且非常准确。

经常出入各种论坛、沙龙的人的社交网络覆盖面比较广，他们有很多线下朋友，获得的信息多而广。他们可以帮助你了解很多公司的内部消息和内部关系，所以他们也是很好的枢纽节点。

（6）公司市场或销售部门的同事。他们的工作性质要求他们建立各种各样的连接网和枢纽节点，他们有各家公司的多种资源和信息。对招聘经理来说，和他们建立深厚的友谊，让他们参与到公司的招聘工作中，对拓展社交招聘连接网和提高招聘效率大有好处。

（7）某些行业组织的首脑和组织者。例如，凡是参加过某个沙龙的人都会认识或者听说过这个沙龙的组织者，招聘经理通过这个人就可以和参加过这个沙龙的其他人建立联系。

现在，某些大公司的离职员工会自发组建非正式组织，如“百老汇”“南极圈”等。这些组织囊括了一部分百度、腾讯和阿里巴巴的离职员工，其核心管理者每天都在研究、管理这个群体，这个群体中有不少优质的枢纽节点。如果能够和这些核心管理者建立强连接，就能快速接近这些组织中的优秀人才。

枢纽节点的特征

枢纽节点是从强、弱连接转化而来的，学会判断一个人是不是枢纽节点对招聘经理来说非常重要。有不少与你有弱连接关系的人不愿意分享资源或者个人连接网，这些人注定无法成为枢纽节点，也不会有更多的人愿意为他们提供支持和帮助。

为了发展枢纽节点，我们必须思考自己的连接网存在哪些薄弱环节，经常对自己的弱连接和人才库进行复盘。有意识地接近那些我们还不够了解的人，多和他们喝几次咖啡，多和他们吃几顿饭，主动示好，就有可能将人才库或弱连接转化为强连接。

一个好的枢纽节点主要具备以下四个特征。

（1）经营强、弱连接的能力很强。枢纽节点能同时和多个候选人建立深入联系，管理好多个强、弱连接，在各行各业都能快速建立弱连接，并且有效地将弱连接转化为强连接。他们能够游刃有余地管理好自己的强、弱连接，在微信好友达到几千人甚至好几个微信账号的好友都达到上限之后，他们仍旧可以对微信好友进行有效管理。他们善于总结归纳，能够给别人留下深刻的印象。

（2）能够持续积累、优化自己的强、弱连接。持续不断的积累和成长也是枢纽节点的一个显著特征。他们会定期对自己的连接网进行复盘，针对自己的薄弱环节进行持续分析和优化。

有一种动物叫蜜獾，很多人戏称它为“平头哥”。平头哥无所畏惧，无论碰上眼镜蛇还是老虎、狮子，它都可以和对方斗一场。作为社交招聘的实践者，一定要像平头哥一样坚忍执着，无论被拒绝多少次，仍待候选人如初恋。

（3）愿意分享自己的连接网，并将强、弱连接运转起来。帮助别人构建连接网的收益是长期的、间接的。很多人会说，我把自己的连接网给别人用，是不是我的连接网就被别人挖走了？事实恰恰相反，你把 a 介绍给 b 认识，你就和 a 多了一次互动，同时 b 又欠了你的人情，你同时帮助了两个人，这两个人都会感激你。这正是社交招聘的核心原则——施比受有福。

《影响力》这本书提到了一个互惠原则：如果你先为别人做一些事，那么对方更有可能回报你。招聘经理要珍惜向自己请求帮助的人，在建立强大的连接网之前，先要思考自己能给别人带来什么价值。

（4）自律性强。在日常工作中，我时常和团队成员分享《自律力》这本书中的内容。自律在招聘的各个环节中都发挥着重要的作用，大家可以看看自己是否做到了以下几点：

- 每天花 2 个小时与候选人进行电话沟通；
- 每天更新、维护自己的人才库；
- 每天在微信中新添加 10 个以上目标行业或目标职位的候选人；
- 每周至少和目标行业资深专家、陌生领域专家（候选人）交流、学习 3 次以上；
- 定期复盘招聘工作的进展情况，明确下一步的工作方向，盘点目标人才；
- 定期对自己的行业人才库进行查漏补缺。

这些都是一位自律的招聘经理应当做到的，但是大多数招聘经理都因为种种原因没能做到。

招聘经理必须自律，并在时间管理、流程管理及招聘思维等方面持续精进。如果一位招聘经理能够每周都主动和至少 2 位以上行业资深专家进行交流、学习，相信过不了多久，他就会发现自己成了这个行业里的人才专家，对行业内的人才了如指掌、如数家珍。

技巧

在社交招聘中，80% 的成功源自于结识了新的候选人。如果不能持续迭代新的候选人，招聘经理就无法拓展连接网，也就无法获得新的枢纽节点。

（5）好奇心强，兴趣爱好广泛，具备快速了解新领域、结交新领域人才的能力。如果招聘经理希望自己成为一个好的枢纽节点，就要对各种社交网络中的枢纽节点和候选人充满好奇心。只有通过招聘工作以及行业交流与这些人建立连接，发现越来越多的枢纽节点，才能与他们互相支撑、互相扶持、共同成长。

（6）多半是中层人士。中层人士既可以接触到行业内最顶尖的人才，又能接触到基层的业务骨干，所以他们往往是很好的枢纽节点。

（7）往往是天生的社会活动家。猎头、记者、优秀的销售人员以及某个组织或某场活动的发起人或组织者往往是天生的社会活动家，也是优秀的枢纽节点。

1.2.5　二度连接网——社交招聘的核心资源网

二度连接网的定义

二度连接网就是由强、弱连接的强、弱连接构成的网络。不论是强连接还是弱连接，都能带来二度的扩展连接，由此形成的二度连接的集合便是二度连接网。

二度连接网包含了强连接的强连接、强连接的弱连接以及弱连接的强连接、弱连接的弱连接。

二度连接网覆盖了多个连接网，并非仅仅包含单独的一个连接网，这正是其核心价值所在，也是社交招聘非常有效的根本原因。个人连接网的覆盖范围极其有限，但只要借助枢纽节点以及各种强、弱连接，就能创造一个可以覆盖各家公司、各个行业的强大连接网。

我们将二度强连接的强、弱连接也作为二度连接网的一部分，这样一来，三度连接中的一度、二度连接都是强连接且延展性大大增强，所以我们也可以将其视为一度、二度强连接的合二为一。

在图 1-12 中，A 拥有非常强大的连接网，但是仍旧无法覆盖足够多的人才。不过，A 可以通过 1、3、5 三个枢纽节点扩展个人连接网。此时，1、3、5 的个人连接网就是 A 的二度连接网。与此同时，如果 A 与 2、2 与 4 之间的关系是强连接关系，A 就可以通过两层强连接关系与 4 建立连接，这时 4 的个人连接网也可以被 A 所用。

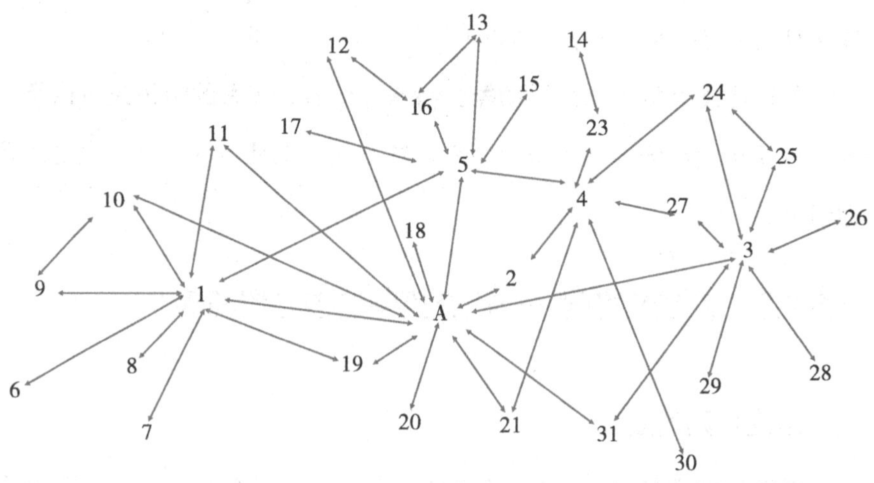

图 1-12　二度连接网

二度连接网不同于社交招聘五大要素中的其他要素，它是基于其他四个要素的第二层强、弱连接网。本书第三章“二度连接招聘法”将详细介绍一位优秀的招聘经理应该如何运用二度连接网进行有效招聘。

对于高层职位，招聘经理很难通过一度连接网就实现高端人才的完全覆盖，因此，招聘经理必须深入探索二度连接网的价值。

某公司曾对一定时期内的社交招聘成功案例进行复盘，在50个成功案例中，有32个是二度连接网成功案例，有7个是一度连接成功案例，有11个是三度连接网成功案例。二度连接网成功案例占比高达64%。

二度连接网的规划

枢纽节点和强、弱连接带来的强大的二度连接网，使得招聘经理的个人连接网的发展拥有无限可能。招聘经理在规划自己的二度连接网时应基于自己的强、弱连接和枢纽节点，创造一度强、弱连接的递进价值。

二度连接网需要覆盖哪些行业、公司和职能，招聘经理必须进行系统的梳理。必要的话，招聘经理甚至需要针对同一家公司的多个职能建立多个强、弱连接，只有这样才能最大限度地扩大自己的二度连接网的覆盖范围。

第二章

三个圈子理论和三角共赢理论

上一章主要介绍了社交招聘的五大要素，即人才库、弱连接、强连接、枢纽节点和二度连接网。那么，具备什么样的思维才能建立有效的社交招聘连接网呢？本章将介绍社交招聘的三个圈子理论和三角共赢理论，为读者构建坚实的社交招聘思维框架。

2.1 三个圈子理论（20–200–2000）

在社交招聘中，我们将人才库、强连接和弱连接构成的社交网络按照关系的强弱分为三个圈子（见图 2-1）。

第一个圈子基于强连接形成。这个圈子中的人主要包括事业伙伴、职场导师、兴趣相投的好友、同事、中介、通过各种渠道认识的其他朋友、仍保持联系的前同事和猎头等。这个圈子大概有 20~50 个人。

第二个圈子基于弱连接形成。这个圈子中的人主要包括见过几次面的朋友、面试见过几次且仍有印象的候选人、参加活动时认识的同行、最近一年一块吃过几顿饭的同事或同行、有过几次深入交流的微信好友、作为同事时与你有过三次以上业务交流的伙伴、你的前老板或前同事以及你投入很多精力沟通但最后拒绝了你的候选人等。这个圈子大概有 200~500 个人。

第三个圈子基于人才库形成。这个圈子中的人主要包括校友、普通同事、微信好友、在脉脉和领英上加的好友以及面试过的一般候选人等。大概只需要 3~5 年，通过各种渠道积累的人才库就可以覆盖上千人甚至更多。日复一日的梳理和积累将会使人才库日益庞大，人才库一般可以覆盖 2 000~5 000 个人。

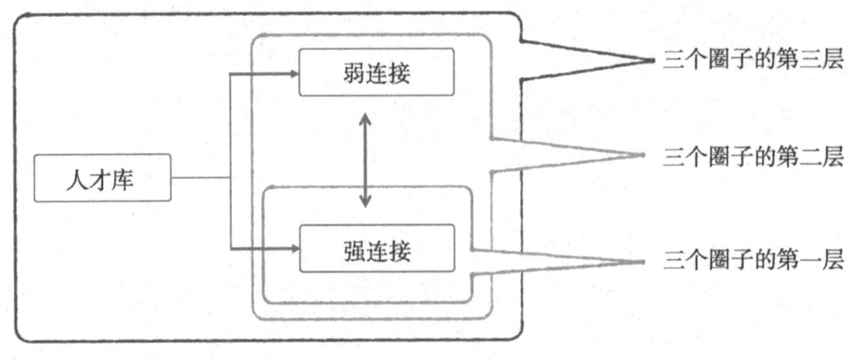

图 2-1　三个圈子

简单来说，招聘经理通常可以将多年累积的人才划分成“强连接 20 人”“弱连接 200 人”和“人才库 2 000 人”这三个圈子（见图 2-2），这就是所谓的三个圈子理论。通过对三个圈子的布局规划和复盘迭代，招聘经理可以将自己的社会关系的价值最大化，不断地扩充自己的人才库，发展、转化自己的弱连接，提高强连接的质量。

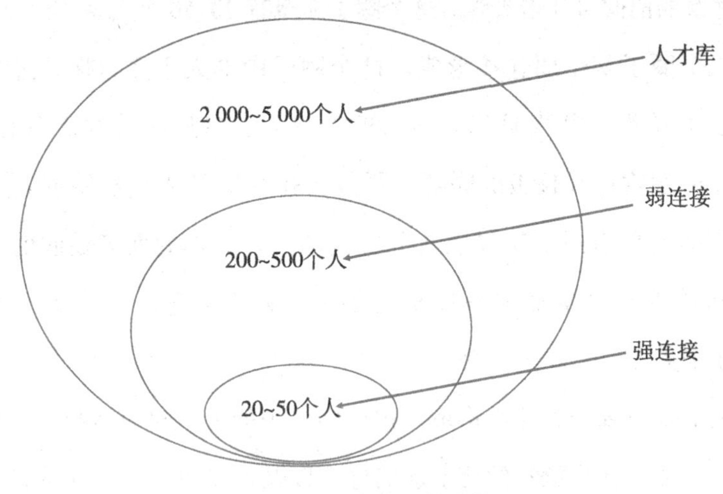

图 2-2　三个圈子的人数

强连接圈子的关键在于质量，弱连接圈子的关键在于广泛，人才库圈子的关键在于积累。经营好这三个圈子对社交招聘来说至关重要。

注意，上文所说的 20、200 或 2 000 只是一个虚数，它们会随着每一位招聘经理的个体差异而变化。

通常来说，一位招聘经理在三个圈子里最多可以同时维系 20~50 个强连接、200~500 个弱连接以及包含 2 000~5 000 个人的人才库。招聘经理应重点关注三者之间的动态变化，持续经营弱连接，使人才库的人数不断增长，同时要避免精力过度分散而忽略强连接，注意保持三个圈子在数量和质量上的平衡。

2.1.1 三个圈子的建立

招聘经理在运用三个圈子理论建立社交招聘连接网时往往会经历以下四个阶段。

第一阶段：自我审视，制作现有连接网的“20-200-2000 表”，分析自己的强、弱连接，划分出“强连接 20 人”和“弱连接 200 人”。

第二阶段：评估自己的优劣势，制定下一阶段的目标，将强、弱连接再次分类。

在这两个阶段，招聘经理的主要任务是梳理现有的人才库。制作“20-200-2000 表”可能需要花费好几个小时，但却很值得。

“20-200-2000 表”可以发挥下列几个方面的作用：

- 帮助你清楚地了解现有连接的数量；
- 明确这些连接是如何影响招聘工作的；
- 指明连接网的优劣势，促使你有意识地补足弱项；
- 帮助你发掘很多意想不到的连接。

第三阶段：选择并列出关键人物，包括“强连接 20 人”和“弱连接 200 人”。

强连接 20 **人**：处于最核心的第一个圈子中的人，这些人对你非常重要，包括领你入门的师父、你的前任上级和现任上级、你曾经带过的下属、跟你要好的合作伙伴和已经成为你的朋友的候选人，他们的职业生涯和你的职业生涯相互重叠。

在我的“强连接 20 人”清单中，大多数人都是我的挚友，是我生活中不可或缺的一部分。例如，一位长期合作的搭档休产假，我们之间的关系变淡了，这件事在一定程度上对我的生活和工作都产生了消极的影响。待她回归之后，我的工作状态又变得积极起来。这个例子充分地说明了“强连接 20 人”所能产生的影响。

弱连接 200 人：处于次核心的第二个圈子中的人，这些人可以被视为“强连接 20 人”的替补，包括现在的同事、以前的同事和在各种活动中认识的朋友等。你和他们的关系虽然没有强连接那么紧密，但他们仍然在你的工作和生活中扮演着重要的角色。他们大多与你保持着一定的联系，他们的主要特点是：当你有事相求的时候，他们有很大概率会搭把手。

人才库 2 000 人：这些人没有必要一一列出来，他们也许是安静地待在你微信好友列表里面的联系人，也许是你面试过的候选人，也许是你在领英和脉脉上随意加的好友，也许是仅仅寒暄过一次的同行。

接下来，你应该问自己下面这些问题。

- ❖ 自己与“强连接 20 人”和“弱连接 200 人”保持着应有的关系吗？这些人是否在各个行业里有着不同的职业、角色、身份、级别和位置？你多久和他们沟通一次？
- ❖ 在某个领域或某个角色上，自己是否有所欠缺？如果是，为什么会出现这样的情况？

“20-200-2000 表”会对个人连接网的梳理和重要关系的培养产生非常大的帮助。

第四阶段：评估自己的优劣势，制定下一个阶段的目标，即确定需要把什么人加入社交招聘连接网，并制订新增某领域人才的详细计划。

每个领域都有大量的能够做到一呼百应的人，我们可以通过脉脉、领英等渠道寻找这些 KOL，从而了解某个领域的核心人才，并与他们建立联系，通过他们了解该领域的前世、今生和未来。寻找 KOL 的另一种方式是加入关键组织。许多行业或领域都有交流群和俱乐部等，加入该组织的人才的质量越高，通过该组织接触到枢纽节点的机会就会越多。

【案例】某电商公司的招聘经理

第一步：自我分析。

工作背景：在某一线互联网公司工作 5 年以上，有大量老同事，担任离职员工群群主；从事招聘工作长达 10 年，有人力资源管理全模块工作经验；在电商及社交行业积累深厚，拥有多家电商公司的工作经验，对电商行业的各项业务均有深入理解。

人才库：认识多家互联网公司的招聘经理，与多家公司的人力资源总监保持长期联系；好友超过 4 000 个人，涵盖算法、工程、产品、运营、市场和职能等多个方面的人才；微信、脉脉、领英等社交及招聘平台上的好友超过 5 000 个人。

第二步：制作当前连接网的“20-200-2000 表”。先列出所有的强、弱连接，如图 2-3 所示，并在图中标注以下几类人：

- ❖ 与自己有强连接关系的人；
- ❖ 与自己有弱连接关系的人；
- ❖ 与自己有弱连接关系的人中的枢纽节点，他们拥有庞大的连接网，但与自己仅有弱连接关系；
- ❖ 与自己有强、弱连接关系且具有较强影响力的人；

❖ 目标公司、目标行业中与自己的关系可能由弱连接转化为强连接的人。

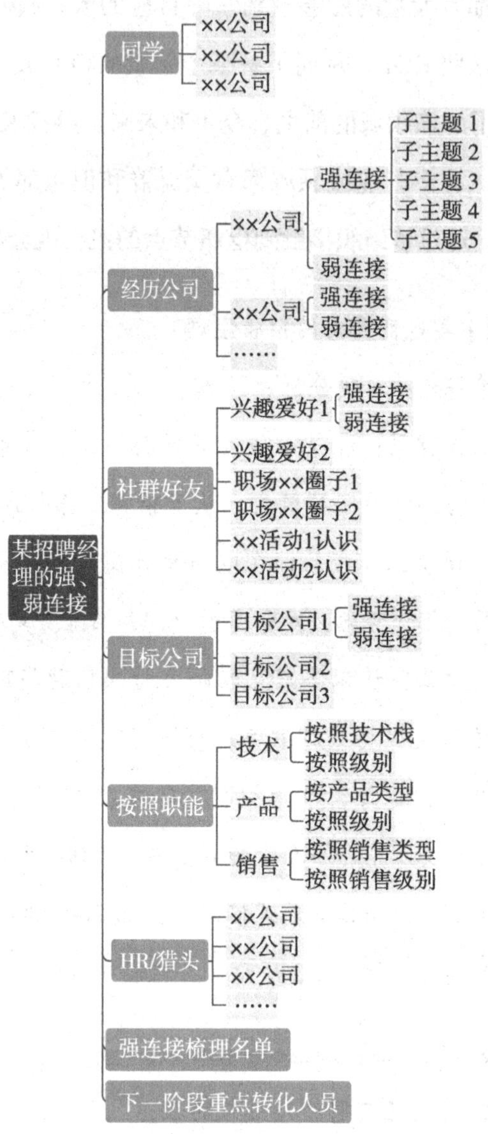

图 2-3 某招聘经理的强、弱连接图

相关图例如图 2-4 所示。

图 2-4　某招聘经理强、弱连接图的图例

第三步：思考自己的职业发展路径，结合公司的发展方向，针对当前连接网制定未来规划。例如，拓展不同行业中更高级别的运营人才，或者积累熟悉其他电商模式（如最近两年特别火的社群电商）的高级人才。

第四步：评估自身优劣势，制定下一阶段的目标。如果发现自己积累的强连接、弱连接和枢纽节点都比较少，就要适当地运用三个圈子理论，通过人才库锁定可能的弱连接，并在日后的工作中加强对所有相关信息流的关注。

三个圈子的布局规划

三个圈子的布局规划是指对人才库、强连接、弱连接和枢纽节点进行规划、提升和扩展，最终实现强连接质量高、弱连接覆盖面广、人才库极大充实的目标。

下面三个小节将分别介绍如何对强连接、弱连接和人才库进行布局规划。

2.1.2 三个圈子的第一层：强连接的布局规划

强连接的布局规划

三个圈子的第一层是每个人职场朋友圈最核心的20~50个人，也是招聘经理最核心的职场连接网。

对这些人进行分类时，要注意把握下列四个要点。

（1）职能多元化。分类时要尽可能多地覆盖多个专业领域，如人力、财务、法务、商务、市场、产品、设计、技术和运营等。

（2）公司多元化。要尽可能全面覆盖目标公司，以便充分、快捷地了解各家公司的信息。我们可以对所有在目标公司任职过的目标人群进行梳理，有意识地利用闲暇时间与目标人群见面，建立有效的连接网。

（3）交流深入化。要尽可能多地与目标人群进行思想上的交流和碰撞，避免泛泛之交，多聊聊职业发展规划、工作状态和行业动态等。

（4）复盘与迭代。随着交流的深入，我们要不断地复盘和迭代，总结自己在不同行业和公司中积累的人才及强连接的优劣势。

强连接运营与提升

在运营强连接时有两张表可以发挥很大的作用：第一张表是强连接现状表，第二张表是规划表（建议使用Xmind绘制）。

假设公司B、C、D都是招聘经理A的目标公司，A在B、C两家公司都有大量的强连接，但在公司D缺少强连接，如图2-5所示。

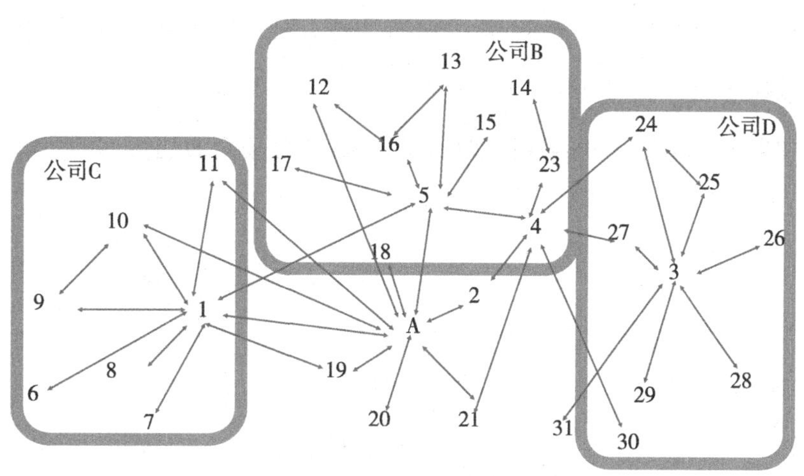

图 2-5　A 在公司 D 缺少强连接

A 通过盘点画出了如图 2-6 所示的强连接图。

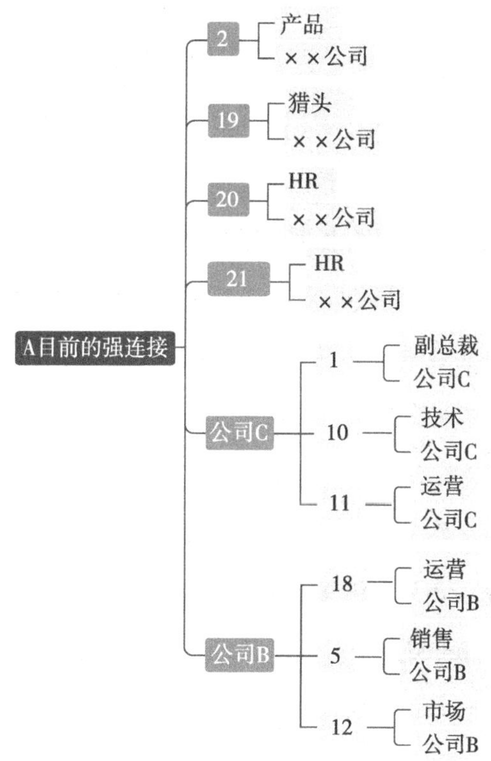

图 2-6　A 目前的强连接

A需要积极地布局规划，对公司D进行分析，与公司D的人员建立弱连接或强连接。

如果A能与3建立强连接关系，那么A将对公司D有更多的了解，如图2-7所示。

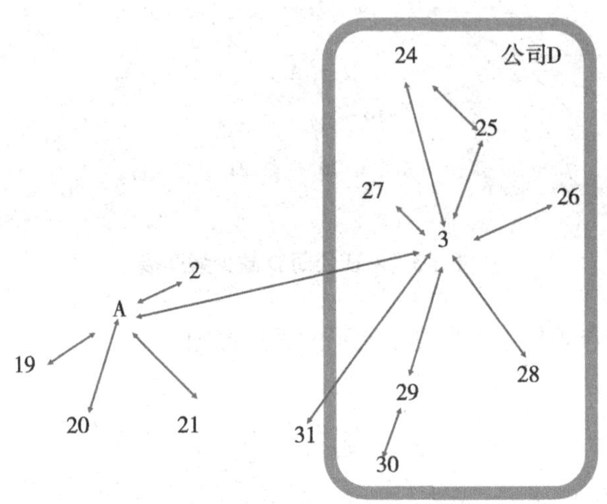

图2-7　A和3建立强连接

【案例】某电商公司的招聘经理

从公司这个维度来看，电商公司的招聘经理应该与下列公司的员工建立强连接：阿里系（淘宝、天猫、聚划算和阿里巴巴B2B业务）以及京东、拼多多、苏宁易购、唯品会、蘑菇街、当当等商城类的公司，大众点评、饿了么、京东到家和盒马等团购和生活服务类公司，以及BAT（百度、阿里巴巴和腾讯）、TMD（今日头条、美团和滴滴）等公司。

通过Xmind，我们可以将这位招聘经理的强连接规划更直观地展示出来，如图2-8所示。

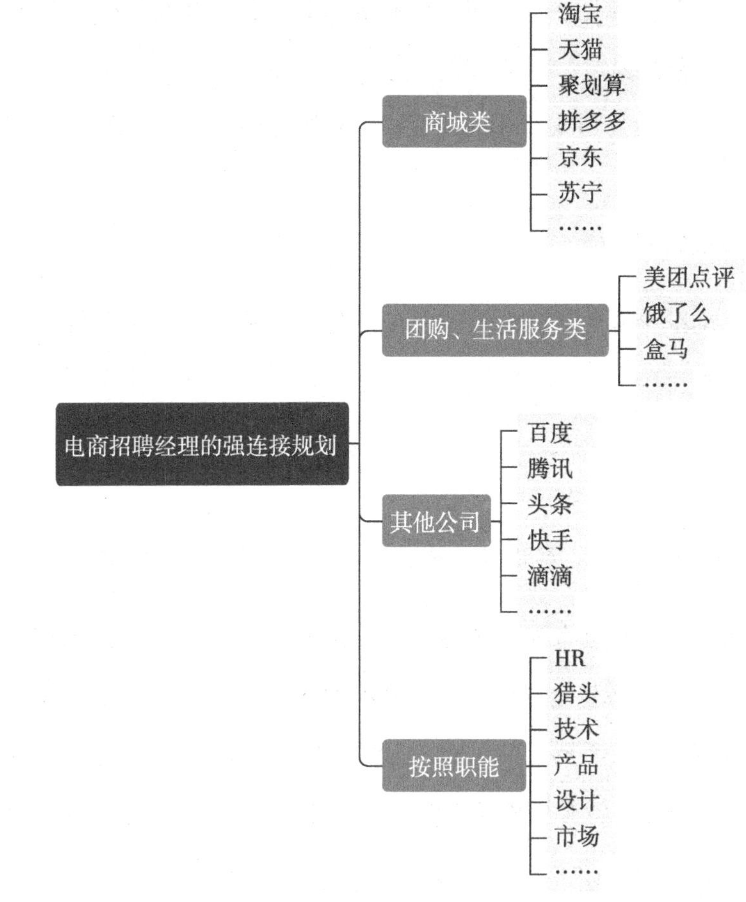

图 2-8　某电商公司招聘经理的强连接规划

接下来就是将已有强连接、希望转化的弱连接和人才库中的目标人才填入强连接规划表中，与相关人员进行沟通、互动，以实现升级。

如何进行沟通、互动、升级呢？下面列出了三个要点。

（1）维系已有的强连接。

- ❖ 微信置顶，保持经常性的互动和联系。
- ❖ 主动说“有什么需要帮忙的？有需要的话，可以告诉我”，创造帮助对方的机会。
- ❖ 定期见面。

（2）针对暂无强连接的公司、行业或职能，选出五家公司，在下一阶段优先针对这五家公司发展强连接。

（3）梳理目标公司或行业的弱连接，升级这些弱连接，逐步将其转化为强连接。

具体做法如下：

- ❖ 加入各种沟通群，深入了解现有的弱连接，同时扩展新的弱连接；
- ❖ 参加线下活动；
- ❖ 添加脉脉、领英好友；
- ❖ 通过现有的强、弱连接在目标公司或行业建立新的连接。

多数人认为与自己有强连接关系的人根本达不到20个人，最多三五个人。他们之所以会产生这样的想法，是因为他们从来没有进行过规划和互动升级。在强连接关系形成的早期，我们需要花费很多时间经营这段关系，一旦关系趋于稳定，双方可相互依靠，就不用花费过多时间进行经营了。

换句话说，只要花上几年时间用心经营，与我们有强连接关系的人是可以达到20个人甚至50个人的，这些强连接关系正是一位优秀的招聘经理的核心竞争力的体现。

持续地关心与我们有强连接关系的人，这些关系就会得到巩固，如果长时间与他们没有交集，你们之间的关系就会变淡，甚至慢慢转化为弱连接。保持强连接的诀窍就是不断地重复“给予—接受”的过程，为对方做点什么，帮他一把，碰到事情的时候求助于他，他将来碰到事情也自然会求助于你，这样一来你们之间的关系就能长期维持。

建议

坚持在每个周日的晚上为下周的人才库和强、弱连接增长做好准备工作：

（1）查阅下周的日程，准备和候选人建立连接；

（2）思考并规划希望在下周见面的且与你有强、弱连接关系的人，逐一与他们预约时间；

（3）对上周维护过的强连接和弱连接进行梳理、思考、总结，确定下一步的规划。

2.1.3　三个圈子的第二层：弱连接的布局规划

很多招聘经理在社交平台上有很多好友，但仍旧无法进行有效的社交招聘。

我们能够轻易地缩短与他人的物理距离，但很难缩短与他人的心理距离，这是社交招聘受到限制的最大原因。即使我们在社交平台上有再多的好友，也会因时间和空间的约束无法无限制地发展弱连接。

对弱连接进行布局规划时，需要注意以下六个要点。

（1）持续扩充人才库，通过布局规划强化弱连接的优势，弥补劣势。

大家是否有过这样的经历：加了很多微信好友，却没有获得任何有价值的信息；参加了一些活动，但到最后谁也不认识谁；进了一个全是大牛的圈子，却发现自己是“透明人”……

招聘经理每天都会遇到很多人，但不可能与他们都建立强连接关系。招聘经理要认真思考自己在弱连接方面的劣势，了解每个人背后的资源，与他们建立互利共赢的弱连接关系。布局思维、共赢思维都是弱连接增长的基石。

在建立新的弱连接时，我们要注意以下三点。

① 新的弱连接不应与现有的弱连接重合度过高。弱连接跟强连接不同，建立弱连接主要是为了获取各种雇主的信息，拓宽认知边界。如果新的弱连接与现有的弱连接重合度过高，就意味着你通过新的弱连接了解到的东西跟通过现有的弱连接了解到的东西差不多。

以本人为例，我之前一直在国内企业工作，但我很想知道谷歌、Facebook这样的外企是如何做招聘的，所以我就有意识地去认识优秀的国外互联网公司的 HR 和技术人员。通过和谷歌、Facebook 的招聘经理交流，我学到了很多面试技巧；通过和这些公司的技术管理人员交流，我也知道了他们是如何面试工程师的，具体考核哪些维度等。

如果你不认识目标公司的任何人，就应当有意识地和目标公司的人多接触。如果碰到从目标公司离职、来本公司面试的人，那么你一定要争取参与面试。只有通过各种方式不断了解目标公司的组织架构与核心人才，并格外关注有可能与你建立弱连接关系的人，你才能持续积累弱连接。

② 新的弱连接要能给你带来价值。这些价值可以是自我成长、信息获取和合作机会等。

③ 你要能为弱连接的另一方带来价值。如果你没有任何价值，那么对方为什么要接纳你呢？你能否帮助对方解决他们遇到的困难对扩展弱连接有着很大的影响。举个简单的例子，你可以给帮你做内推的人提供经济奖励，这样他们才会更有动力。

（2）离开舒适区。

很多人对与陌生人交往这件事有着极大的恐惧。不过，为了扩展连接网，你必须逼迫自己离开舒适区，主动进入陌生的圈子。

你的主动程度决定了你能否迈出关键的第一步，也决定了你的连接网的广度；而你的内涵决定了你能跟对方能聊多久，也决定了你的连接网的深度。

如何离开舒适区呢？下面介绍三种方法。

① 让别人引荐。你可以通过自己的强连接参加一些你不太有机会参加的聚会或活动。当然，你要事先给自己制定一些目标，如果你只是坐在角落里一言不发，那么参加再多的聚会或活动也没有意义。

② 主动建立招聘圈子之间的连接。你可以扮演桥梁的角色，为 B 和 C 建立连接。这样一来，你不仅成了 B 和 C 的桥梁，也成了 B 圈和 C 圈的枢纽节点，乃至整个连接网的核心人物，你将在整个连接网中拥有重大的影响力，如图 2-9 所示。

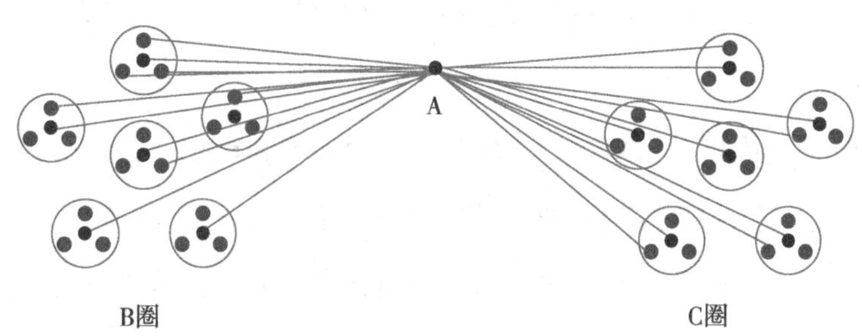

图 2-9 拉近 B 圈和 C 圈关系的 A

更重要的是，你让两个原本不相识的人变成了朋友，他们当然也会乐于向你介绍他们认识的其他候选人。

在很多社交平台（如脉脉和领英）上，也有二度连接和三度连接，即朋友的朋友和朋友的朋友的朋友。在这些平台上，请别人帮你与他的好友建立连接，或者帮助别人与你的好友建立连接，也可以扩大自己的影响力。

假设平均每个人有 100 个朋友，那么你的二度连接网就可以覆盖 10 000 个人。他们来自各行各业、处于各个年龄段，他们能极大地拓宽你的视野。

③ 借助拥有相同经历的朋友或者双方都认识的朋友。如果双方有相同

的经历，或者有双方都认识的朋友，那么双方的关系就能迅速升温。

（3）社交招聘候选人的差异化定位。

每个人的性格不同、优势不同，在人际关系网络中扮演的角色也是不同的。

根据本人的经验，并不是拥有某种特定性格的人才会有更加广泛的人际关系网络。因此，每个人都要根据实际情况确立自己的差异化定位。

一般而言，社交招聘网络中存在四种角色，分别是领袖、枢纽节点、专家和助理。

① 领袖一般是行业领导者、各家公司的 CEO 或副总裁等高级管理者以及社群领袖。

他们是行业中最有领导力的一群人，拥有战略高度，拥有丰富的行业经验。这些人的圈子一般比较小，大多数人会比较谨慎地推荐人才，其中也不乏热爱招聘的人。例如，小米的雷军曾经说自己把三分之一的时间用来招揽人才，今日头条的张一鸣也说自己 10 年面试了约 2 000 人。

② 枢纽节点是能把很多人连接在一起的人，资深且专业的猎头和招聘经理都是典型的枢纽节点。他们通过多种社交渠道建立了一个非常庞大的人才库，把很多人连接在一起。

枢纽节点通常认识很多人，他们很可能是某个连接网的发起人，他们也很善于跟其他人打成一片。大家平时可以接触到各种各样的社群，如产品群、技术讨论群、算法讨论群和交流分享群等，其群主很可能就是枢纽节点。

枢纽节点具有以下几个特征。

- 涉足领域众多。他们在不同领域、不同圈子、不同职位的人群中都占有一席之地。

❖ 能创造很多可能性。他们能够协调各个方面的资源，具有丰富的创造力和想象力。

❖ 乐于、善于分享。对于资源和连接网，他们不仅明白施比受有福的道理，而且知道应该在什么时候施，应该在什么时候受。

③ 专家是掌握信息、知识和资源的人。在一个圈子中，每个人的贡献不可能是完全相同的，圈子 80% 的价值是由 20% 的专家贡献的。因此，我们要尽可能地结识专家，让他们从一个较高的高度帮助你分析问题，这对招聘工作非常有帮助。

专家通常掌握着大量极有价值的信息，他们对某个领域内的信息了如指掌，因此大家往往会依赖于他们。

专家主要具有以下两个特征。

❖ 知识渊博。专家往往掌握着高质量的信息渠道，你总能从他们那里获得你想要了解的信息。而且，专家总能为你提供很多有用的建议，并为你指点迷津。

❖ 拥有特定的社会资源和优势。这里的社会资源并不仅仅指权力。

④ 助理是在社交招聘网络中提供服务的人。他们拥有 副热心肠、乐于助人，虽然未必拥有很多的专业知识、很强的人格魅力以及连接很多人的社交能力，但能任劳任怨地提供服务。

例如，在组织企业家论坛的时候，发起人的秘书会做很多协调性的服务工作，这位秘书并不属于这个企业家网络，而且是完全可以被替代的。但是，在另外一些社交网络中，情况会有所不同。例如，一些相互之间不算特别熟的人打算集体出游，如果有人愿意为大家做查信息、订车票等服务工作，那么其价值将会被大家所认可。

助理的特征主要包括热心肠、做事有条理、不计回报等。

上面介绍的这四种角色并不是截然分开的，有时候也会发生融合。例如，你认识了一个既是领袖又是枢纽节点还是产品专家的人，他在这个社交招聘网络中的价值自然会极高。他能为你推荐大量的非常专业的产品经理，而且了解其他各个层级的人才。他推荐的人多是经过多重检验甚至与他共过事的同事，大概率不会错。这也从一个侧面证明了专家背书的重要性。

我认为，领袖是时势造出来的；如果你性格外向、兴趣广泛、包容性强，那么你适合做枢纽节点；如果你知识渊博、社会资源多、乐于分享，那么你适合做专家；如果你做事勤快又很热心，那么你适合做助理。如果你目前尚不具备以上任何特点，那么你可以基于自己的性格多学习、多尝试，总有一天你会达到其中某个角色的要求。

（4）摆正态度。

摆正态度的内涵如下。

① 保持真诚。保持真诚有两个含义：一是出发点不要太功利，二是要表现真实的自己。当你与别人交谈时，无论你怀着什么样的目的，都会做出下意识的反应。一旦被对方察觉，对方就会认定你们之间正在做利益交换。此时，你就不得不掂量一下自己是否有能力与对方做利益交换。

当你试图用一个虚假的人格来获取别人的信任时，很容易会被对方看穿。因此，你不需要伪装自己，只需要保持自信就够了。

② 给予者思维。《给予和获取》（*Give and Take: A Revolutionary Approach to Success*）一书提到，人际关系网络中有三种人：一种是给予者，一种是接受者，一种是连接者，那些获得卓越社交价值的人往往是给予者。因此，不要总是求别人帮忙，要主动地帮助别人，承诺别人的事情一定要做到，甚至要超预期地做到。

（5）保持强、弱连接的平衡。

① 不要因为专注于扩展弱连接而忽视现有的强连接。正如那句歌词“认识新朋友，不忘老朋友”，弱连接是代替不了强连接的。人的精力是有限的，不要冷落了老朋友。

② 将弱连接转化为强连接。如果你发现一些弱连接可以转化为强连接，那么你就要积极地行动，这样你的强连接才能源源不断地补充新鲜血液。

（6）投资自己比投资别人更可靠。

当你积累了足够多的连接时，你最终会发现，自己的能力才是最关键的成功因素。对每个人来说，最大的瓶颈永远是自己，而不是连接网、机会或者环境。

社交招聘的关键永远在于行动，只有持续实践，才能真正掌握其精髓。

【案例】弱连接的布局规划

第一步：对弱连接进行规划。

（1）列出所处行业内公认的最出色的10位招聘专家。

（2）列出目标行业及目标公司内的100位招聘主管及招聘专员。

（3）不论工种，列出100位具有一定影响力、级别在总监以上的行业专家。

（4）列出所处行业内你认为的副总裁、CEO级别的前20人。

第二步：在人才库中挑出还未与之建立联系的人，梳理完毕之后，建立双向认知。

你可以通过脉脉和领英等社交平台与之成为好友，或者由一位中间人创造互相认识交流的机会。在交流的过程中，你要详细地记录他们曾经任职的公司和职位，了解他们负责过的业务等。

> 第三步：完成前两步之后，必定会存在仍然联系不上或明确拒绝联系的人，此时你可以从目标公司的维度出发，通过其他渠道接触级别和能力相当或者略低的替代者。

2.1.4 三个圈子的第三层：人才库的布局规划

对人才库进行布局规划的本质是不断积累信息流。不积跬步，无以至千里，只有日复一日、年复一年地思考、练习，才能建成真正意义上的人才库。

招聘经理要思考公司当前的招聘需求和未来可能出现的招聘需求，列出 30~50 个关键词（例如，以公司为维度的“公司 A”“公司 B”等，以岗位为维度的“产品总监”“技术总监”“算法工程师”等），根据这几十个关键词，推动人才库长期、有计划的增长，避免临时抱佛脚。

将多条信息流引入人才库时，需要找到最合适的承载工具和分类方式。例如，将主动投递简历、内推、面试的候选人汇集到微信中，将通过领英和脉脉等社交平台扩充人才库时发现的优质人才也整合到微信中，在 Excel 中标记每天见到的核心人才，再加上其他工具的辅助，你的人才库就会越来越大。

建立人才库的五个步骤

建立人才库的五个步骤的具体内容如下。

第一步：目标。明确人才库应该包含哪些分类，如某家公司的人才库或某个职位的人才库等。

第二步：审视。评估当前人才库中候选人的情况，按照九大分类，看看目前有什么样的候选人。

第三步：布局。针对现状，有意识、有方向地选择目标公司及候选人，寻找符合要求的候选人。

第四步：扩展。扩展各种承载工具上的资源池，持续为强、弱连接的转化提供基础。

第五步：保持更新。与枢纽节点维持紧密的关系，让他们持续发挥作用。

第一步：目标

简单来说，目标就是你希望建立一个什么样的人才库，希望成为什么行业的人才专家。毕竟，每个人做招聘的目标和初衷都有所不同。

下面是一位优秀的互联网公司招聘经理在建立人才库时为自己设立的目标：

- ❖ 期望成为互联网领域的人才专家，对该领域的人才有深入的了解；
- ❖ 期望建立广泛的互联网领域人才库，招聘时可以做到精准定位、快速建立联系；
- ❖ 期望不断结识优秀的候选人，开阔视野，使其助力于自身的持续学习和成长。

在真正建立人才库时，还要列出一些具体的目标，其中要包括公司和个人：

- ❖ 与本公司业务模型一致、有竞争关系的公司；
- ❖ 目标职位人才存量大的公司；
- ❖ 高速发展的公司；
- ❖ 通用类职位人才存量大的公司，如行业内的大公司；
- ❖ 猎头和各家公司的 HR（自身拥有强大人才库和连接网）；
- ❖ 高级别、高潜力候选人，拒绝 Offer、拒绝面试的候选人，优秀毕业生。

有了目标，下一步就是将这些人才放到承载工具中，并要保证在各个承载工具中都能在第一时间找到这些人才或者与他们相匹配的标记。

第二步：审视

对招聘经理来说，社交招聘最大的价值就是通过强、弱连接接触到人才库中的候选人。要知道，整个人才库的核心就是你自己。因此，你一定要清楚地认识自身的优劣势，这将是你和别人建立强、弱连接时最关键的因素。

在建立人才库之前，你要花些时间思考自己目前拥有什么、欠缺什么，如何巩固优势、弥补不足。

在这一步，你要对不同阶段、不同时期、不同信息流里的人才库进行罗列。不同信息流有不同的承载工具，甚至同一信息流也可能有多个承载工具，但有三类工具是必备的，它们分别是个人社交工具、职场招聘工具和个人数据库，尤其是个人数据库中的Xmind和Excel，它们都是使用频率极高的工具。四大承载工具中的其他信息流承载工具则更多地作为增强辅助工具。

在这一步，你还要对自己做一次彻底的复盘。

（1）打开你的微信和手机通信录，查看你在各段工作经历中结识的人：

- 现在仍有联系的前同事；
- 曾经关系很好但现在联系较少，仍在手机通信录或微信里的人；
- 曾经认识但现在已经不再联系的人。

（2）根据招聘方向，将微信和手机通信录里的人系统地梳理成若干类：

- 技术类（根据各种算法以及Python、C++等不同语言）；

❖ 产品类；

❖ 销售市场类；

❖ 职能类；

❖ 管理类；

……

按照上一节介绍的分类进行系统梳理，即可得到如图 2-10 所示的人才库分类图。

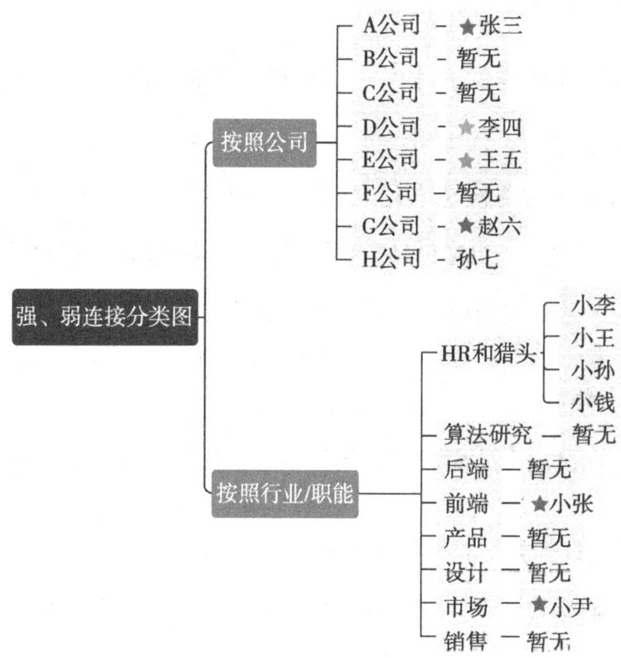

图 2-10 人才库分类图

（3）登录脉脉和领英，将目标公司的五类人才纳入图 2-10 中的相应类别。

（4）整理通过日常面试积累的人才和企业人才库中的优质人才。通过日常面试认识的每位候选人都应该录入 Excel 汇总表，核心人才应该纳入 Xmind 分类图。

（5）系统梳理微信和社交招聘工具中的好友（详细内容请参阅 6.4 节）。

这些步骤听起来好像颇有心计、精于算计，但这个工具可以帮助你分析你的人才库具有哪些优势和劣势，你需要和哪些行业的哪些人才多交流并建立连接。唯有如此，你才能成为一位社交招聘达人。

面对人才库，一位快速成长的招聘经理通常可以做到下列几点：

- 高频次地与新候选人建立联系；
- 积极地与目标人才发展强、弱连接关系；
- 定期对现有人才库进行整理。

要想建立一个优秀的人才库，就要同时做好以上三点，但这并不意味着没有侧重点。例如，在了解一个新行业或者接手一个新部门的招聘工作时，你要尽可能多地与候选人建立联系。一旦建立了人才库的雏形，你就要持续地维护候选人，加深与候选人的关系。在行业中积累沉淀多年后，更重要的是对人才库进行整理，让人才库更精准、更聚焦，布局更合理。

第三步：布局

在审视完自己的人才库之后，还要弄清楚每个人背后的资源。

> **【案例】**审视人才库之后要做的布局
>
> 某招聘经理审视了自己的人才库，有了以下发现。
>
> - 公司 a：e（专员）、f（主管）、g（专员）。
> - 公司 b：h（专员）。
> - 公司 b：j（×× 总监）、h（×× 总监）、i（经理）、k（前 ×× 总监）。
>
> 这位招聘经理在公司 b 积累的人才明显比较少，且级别较低，在公司 a 积累的人才缺乏高级管理者。这位招聘经理下一步应该做

> 的是多接近公司 a 的高层管理者以及公司 b 各个层级的人才。这就是审视人才库后所要做的布局。

接着，你要列出下一步的社交清单，这份清单应该包括以下五类人。

第一类：与本公司业务模型一致、有竞争关系的公司的人。

第二类：目标职位人才存量大的公司的人，现在或者曾经在目标公司工作过的人。

第三类：通用类职位人才存量大的公司（如本行业的龙头公司）的人，包括领英和脉脉上的一度好友（但非微信好友）、曾经的候选人（见过一次面，有微信等联系方式，彼此有初步印象）、通过各种社交或职场活动认识的本行业内其他公司的朋友（至少见过一次面）、在某些场合认识并加了微信但没有深入交流的微信好友等。

第四类：猎头和其他公司的 HR，他们自身拥有强大的人才库和个人连接网。

第五类：拒绝了你的候选人，领英和脉脉上二度及以上的好友，曾经给你投递过简历（但没见过面）的候选人，你听说过名字的行业专家，你在网络上看到的其他公司的中高层管理者，行业论坛、会议的演讲嘉宾，在业内有一定影响力的人。

在建立人才库时，重点不在于有多少人知道你的名字，或者有多少人接过你的电话，而在于你求助的时候有多少人愿意帮助你。因此，所谓的布局是和这些人进行平等的交流，仅仅认识他们并无价值，关键是要让他们在找工作的时候想到你。

第四步：扩展

如果你能把现有的人才库梳理清楚，那么恭喜你，你已经做得比大多数人好了。接下来，你要通过扩展各种承载工具上的资源池，持续为建立强、弱连接打好基础。

有效地使用四大承载工具，你就能更好地运用、挖掘、优化、发展你的人才库。在日常工作中，我们应该经常将这四类工具准备好，放在手边，以备随时使用。不同的工具有着不同的功能和使用方法，持续的运营才能让你的人才库发挥应有的作用。

第五步：保持更新

保持更新主要分为两个方面：一是小节点复盘，目的是修正弱点；二是大节点复盘，目的是调整方向。

做小节点复盘是为了保证自己对人才库有深入的了解，知道自己人才库的弱点。小节点一般是每天或每周。你需要每天扩充自己的人才库，看看人才库哪个部分的储备已经足够，哪个部分的储备还不足，需要在未来几天或几周重点拓展。

做大节点复盘主要是为了重新思考下一阶段的人才储备方向。你可以思考下列问题：公司未来半年需要什么样的人才？公司战略方向正在发生什么样的变化？公司关键岗位上的哪些人存在离职风险？你要根据这些问题的答案进行提前布局，不断调整方向。

2.1.5 三个圈子的复盘迭代：黄金、铂金和钻石时代

建立三个圈子的最佳时间是昨天，其次是今天。

如何才能让连接网伴随着自己的成长不断迭代？我们必须具备不断复盘迭代的思维。

曾经有人说过一句令人很悲伤但很有道理的话：“成长过程中最大的烦恼就是离开自己熟悉的朋友，去认识一群新的朋友。”不断认识新的朋友，离开旧的朋友，这就是成长的过程。

下面介绍复盘迭代的三个最佳时间点，它们分别是“黄金二年级”“铂金五年级”和“钻石十年级”。

招聘经理的“黄金二年级”

如果你是工作刚满两三年的招聘经理，那么恭喜你，这是最好的时期。此时的你对招聘工作已经有了总体的认识。你要多参加一些社交活动，不断拓展你的连接，结识更多的人。除了结交级别较高的枢纽节点，你还要重点关注各家公司中与你水平相当的人，与他们共同成长。

招聘经理的“铂金五年级”

此时的你需要复盘中层人才。在此阶段，你的职业规划已逐渐清晰，你也积累了一定的经验，你需要对自己在各家公司积累的中层人才进行复盘：在自己的人才库、强连接、弱连接和枢纽节点中，缺乏哪些公司的中层人才？自己在哪些方面有优势？自己在哪些方面有劣势？

招聘经理的“钻石十年级”

此时的你已经进行了10年的持续迭代。在此阶段，你应该结交的人不是刚毕业的年轻员工，而是各个领域的知名专家，他们能够拓宽你的视野和连接网。

通过分析以上三个时间点，不难发现，不同时期的努力方向是不同的：

- ❖ 在初期，关键在于形成社交招聘的思维，认识已经成为枢纽节点的人以及有望和你共同成长的“潜力枢纽节点”；
- ❖ 在中期，关键在于认识各家公司的中层人才，判断哪些人在未来可能取得更大的成就，相互提供支持和帮助；
- ❖ 在后期，关键在于利用好自己的资源，不断地横向发展不同领域、不同行业的连接网，开阔自己的横向视野，形成看待问题的多元化视角和解决各种复杂问题的能力。

连接网的盘点迭代，就像每个人的学习成长一样，必须持续进行，不断清零，不断回到原点。

复盘迭代不能只是每年进行一次，每周、每月、每季度都要做。每周，我们要复盘本周结识的人是否符合自己的布局，是否有新的信息流进入人才库，是否有人才与自己建立了弱连接关系，是否结识了目标职位、目标公司或目标行业的新的人才。每月或每季度，我们要复盘强、弱连接和人才库的布局是否合理，并将其与前一阶段进行比较。只有持续不断地复盘迭代，才能让自己的个人连接网和二度连接网保持活力。

2.2 三角共赢理论——小白兔、农夫与胡萝卜

社交招聘的三角共赢理论是指在与目标候选人沟通过程中需要运用的三种思维，即示弱思维（小白兔）、给予者思维（农夫）和胡萝卜思维（胡萝卜），如图 2-11 所示。

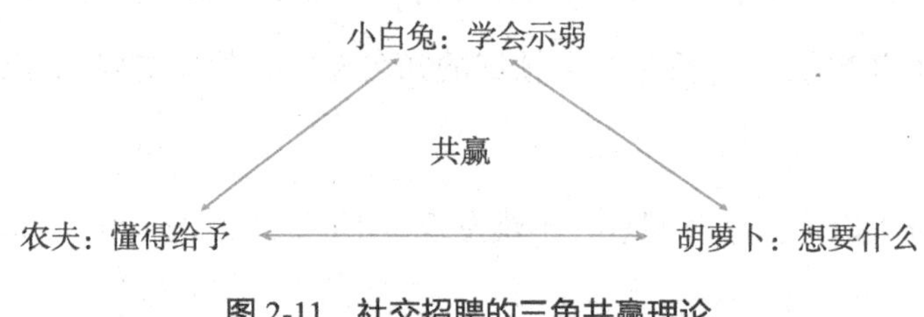

图 2-11　社交招聘的三角共赢理论

2.2.1 示弱思维——做一只示弱的小白兔

弱者才会一味逞强，强者懂得适当示弱

学习知识可以分为三个阶段：第一个阶段是感觉自己什么都不会，第

二个阶段是感觉自己什么都会，第三个阶段是感觉自己不会的太多。与之相仿，招聘也可以分为三个阶段：第一个阶段是觉得自己什么都不懂；第二个阶段是觉得自己无所不能；第三个阶段是发现外面的高手很多，产生了敬畏心。

第一个阶段和第二个阶段是两个极端情况，但第二个阶段比第一个阶段更加可怕，我对此深有体会：以前在某大公司任职时，我负责几个事业部的招聘工作，每天发出很多 Offer，最多曾达到 29 个，写 Offer 申请单一直写到凌晨两点，当时觉得自己无所不能。

离开那家公司之后，我发现当时能做到那些事情并不是因为我招聘能力强，而是因为那家公司在那个阶段自带光环。不过，我那时年轻气盛，根本不懂这些道理。后来，我发现自己约见候选人的成功比例降到了 50% 以下，栽了不少跟头。当真正看清真相之后，我少了些浮躁，多了些脚踏实地，也深刻地意识到了自己在垂直纵深领域的不足，之前的自己只是一只井底之蛙。有了敬畏心之后，我在招聘过程中的成长和收获比之前多了不少。

学会做示弱的小白兔

当你发现自己的不足，学会对自己不够了解的领域时刻保持空杯心态，认同其他人在不同专业领域的优势之后，求助就会变得更加容易。因为你不会顾忌什么面子问题，所以你可以很自在地向别人示弱。

当面对一个看起来非常强大的人时，人们是不愿意向他提供帮助的，因为在人们眼里，这个人已经强大到不需要什么帮助。同时，这也会导致这个人的自我认知出现偏差，进而拒绝身边人的好意和很多资源。

我认识很多非常要面子的招聘经理，他们希望自己能解决所有的事情，他们觉得和猎头合作会显得自己能力不足，他们认为向团队中的其他人求助会显得自己不如别人。业务部门提出的所有需求他们都敢接下来，他们根本不想想自己当前的资源、时间和能力是否足够。

最后的结果当然是他们累得够呛，不仅错过了一些只要问身边的同事几句话就可以很快联系到的候选人，还被业务部门质疑无法完成任务。这就是典型的死要面子活受罪。假设换一种方法，低一下头，求助于身边的同事，不仅能深化和同事的关系，下次同事需要帮助的时候也一定会想到他，而且能够快速找到候选人，完成工作任务。

这就是三角共赢理论的第一条核心原则：弱者才会一味逞强，强者懂得适当示弱。我将懂得适当示弱的人称为“示弱的小白兔”，将这种通过示弱达成目标的思维称为“示弱思维”。

示弱是为了达成目标，示弱也是一种谦卑的态度。只有适当示弱，才能得到更多人的帮助。这也是为什么女性招聘经理比男性招聘经理在职业生涯初期拥有更多的优势，因为女性比男性更懂得示弱思维，她们更擅长以柔克刚。

2.2.2 给予者思维——做一名懂得给予的农夫

施比受更有福

一名勤劳的农夫一定懂得这样一个道理：只有先进行一整年的辛勤劳作，浇水、施肥、除草、灭虫，才能迎来收获的季节。但很遗憾的是，现在有一些人是“精致的利己主义者”，还有一些人希望付出之后立刻获得回报。

我经常说“施比受更有福”。不少人将这句话错误地理解为“给予很好，接受不好”，但实际上这句话的意思是“接受是一种祝福，而给予是一种更大的祝福”。

这里的“施”绝不仅仅是我们见某候选人时带了一份小礼物，旅行归来时给好朋友带了一份纪念品，它的内涵远比这些丰富。例如，在脉脉上经常有人问我“可以帮我找找 ××× 的电话号码吗？我这边有一个机会想给他介绍一下”，在征得当事人同意的前提下，我很乐意花时间去做一些这样的事情。一些候选人在做未来的职业规划或者分享在其他公司面试遇到的挫折时，我也很乐于帮助他们找到自己的定位，告诉他们怎么谈 Offer，怎么做选择可能更好。

爱因斯坦曾经说过：“不要企图成为成功的人，要努力成为有价值的人。”拿我来说，我写这本书的初心是希望更多的人能够了解、实践一些不一样的招聘方法。不论在日常工作中，还是在与候选人相处时，只要你多往前走一步，多为别人着想一点，主动走出自己的小世界，你就能获得更广阔的视野和更多的祝福。

我将这种认可并实践“施比受更有福”的人称为“懂得给予的农夫”，将这种通过给予获得更多祝福的思维称为“给予者思维”。

在帮助和给予他人时，你可能会担心你没有别人那么有钱、有权、有经验，担心因为办不好事遭人白眼，其实这种担心是没有必要的。别人求助于你时最看重的一定是你有没有尽力去做，结果固然重要，但过程一样重要。即使帮不到对方，你也要尽可能提供有建设性的意见，对方一定会感受到你的诚意。哪怕下次你需要帮助的时候别人帮不了你，他们也一定愿意帮你出谋划策。

你还要站在对方的角度思考，什么样的帮助是真正有价值的，他们真正想要的是什么，从长远的视角（如未来 3~5 年）来帮助他们分析什么样的选择是正确的。

如果你对一个人不够了解，那么就没有办法帮助他做职业规划或者提供好的建议。只有对他非常了解，知道他过去做过什么、擅长什么、有什么亮点、有什么诉求，甚至对他的财务状况、家庭背景乃至价值观、人生观等都非常了解，你才能为他提供有效的引导和帮助。

一份小小的伴手礼，或者仅仅是让对方感受到你在惦记他，也会非常有用。当你足够了解一位朋友的喜好和优缺点时，你就有能力思考什么对他是有帮助的、有益的。例如，你可以给患有胃病的朋友送一瓶蜂蜜，给经常熬夜的朋友送一盒面膜，给爱喝酒的朋友送一瓶你在其他地方旅行时带回来的当地特色佳酿等，这些都能够让你们的关系迅速升温，变成强连接。

你也可以成为其他人的桥梁，帮助别人接触他们平常无法接触的某些人，或者向他们分享他们平时无法获得的某些经历。

> 有一次，一位在投资圈非常有影响力的朋友问我有没有当警察的朋友。我恰好有一位朋友祖孙三代都是警察，他本人是公安大学毕业的。我介绍他俩认识之后，他们也成了好朋友。这是一个典型的三赢，我的警察朋友和做投资的朋友通过我认识了彼此，我也获得了他们两个人的信任。

农夫的核心理念

农夫的核心理念如下。

（1）经常主动说“有什么可以帮你的”“需要帮忙的地方随时叫我”。

（2）衡量他人价值的标准不是净资产的多少、职位的高低，而是对方是否具备真心、正义感和同情心。

（3）“陌生人很危险”是一只拦路虎。

（4）别人在了解、喜欢、信任你之后，才可能与你分享连接网。

（5）先付出两次，再谈索取。

（6）不断做出随机的善良行为，即不断思考怎样才能更多地帮助向你求助的人（包括与你有强连接或者弱连接关系的人以及人才库中的人），因为你不知道什么时候他们就会给你带来大的机会。

农夫的思维特征

农夫的思维特征如下。

（1）将最好的分享给身边的伙伴。一个优秀的团队，其团队成员会彼此扶持，互相补位，并把最好的分享给其他成员。只有人人为团队多做一点，团队才会越来越有凝聚力和战斗力。

（2）真正关心其他伙伴。其实，你是否真正关心他人，他人是能够体会到的。你是否关心伙伴的痛苦，是否利用自己的人才库和强、弱连接去帮助伙伴，是否真正希望伙伴快点好起来，团队中的其他伙伴全都看得一清二楚。

（3）拥有开放的心态，不断探索、帮助新的候选人。一位优秀的招聘经理总是很愿意和新的候选人建立联系，帮助更多的人，从而建立强大的个人连接网。

（4）持续跟进、坚持到底。成为一位懂得给予的农夫并非一日之功，你要持之以恒，直至你的连接网开枝散叶。

（5）持续提升自身价值。只有自身价值更高，才可能为别人创造价值，因此，没有什么事情比提升自身价值更重要。

2.2.3　胡萝卜思维——找到候选人的真实诉求

招聘经理在与候选人沟通之前需要想明白下列四个问题：

- 候选人想要什么（胡萝卜）？
- 自己有什么（如职位、薪酬预算和发展空间等）？

❖ 候选人想要的是不是对的（影响、引导对方）？

❖ 能给候选人的薪资、职位、权限等的调整空间有多大（主动适应候选人）？

招聘经理要在招聘的各个环节彻底摸清楚候选人想要什么，针对候选人的诉求，通过多次引导、深入沟通，最终让其顺利入职。我将候选人的诉求称为“胡萝卜”，将通过了解、引导、满足候选人诉求实现招聘目标的思维称为“胡萝卜思维”。

候选人是否愿意寻找机会、是否愿意参加面试、最终是否入职受很多因素的影响。下面对相关因素进行分类，以便大家准确地抓住候选人想要的那根“胡萝卜”。

公司层面的因素如下：

❖ 薪资、福利、股票、职级及晋升机制、发展空间、汇报关系、下属团队规模、下属人员、招聘职位背景（新增或者替换）；

❖ 行业发展前景、公司发展前景、公司使命、公司价值观、协同部门或合作团队人员情况、公司资源支持情况、公司高管的战略眼光、公司融资情况、业务发展阶段；

❖ 公司所在城市、办公环境、加班情况、出差频次；

❖ 上级的背景、资历、管理风格、用人偏好。

候选人个人层面的因素如下：

❖ 候选人业务能力各维度评分，候选人潜力、素质维度评分；

❖ 候选人的性格、兴趣爱好、人生观、价值观、忠诚度以及家庭住址、家庭成员、家庭环境；

❖ 候选人手里的其他 Offer、原公司是否挽留以及与原公司是否签订了竞业禁止协议。

以上列出的可能影响候选人的因素大致分为7类，约有40项，其中任何一项都可能导致候选人无法入职。因此，招聘经理必须做到知己知彼，唯有如此才能准确地把握候选人的动向。

接下来，我们对其中的一些重要因素进行深入分析。

（1）薪资。这应该是所有候选人最在意的因素，但它并不是唯一重要的因素，包括期权、签约奖金（Sign on Bonus）、年终奖月数、未来晋升调薪频次和调薪幅度等在内的多个因素都会对候选人产生重要的影响。例如，在华为、腾讯和阿里巴巴等大公司中，员工可能拿到相当于十几个月甚至几十个月工资的年终奖。

期权也是能对高级管理者的职业选择产生很大影响的因素。一般来说，对公司发展越重要的人才，分配到的期权越多。另外，有一些重要信息是需要事先跟候选人说清楚的，包括期权对应的股份数额、行权价格、期权计算的起始日、授予的期限、最短生效期和失效期限等。

（2）平台。候选人从小平台跳到大平台的时候，招聘经理要引导候选人减少对薪资的考虑。引导时，可以从以下两个方面入手：对刚毕业的年轻人来说，平台的重要性远高于薪资，大平台的天花板很高，就算现在能得到的只是级别较低的职位，未来仍有广阔的发展空间；大平台不仅可以提供公司背书，还能提供优质的人际关系网络、成长环境和思维方式。

有些候选人也会考虑从大平台的螺丝钉转变成小平台的发动机，或者他们已经到了“宁当鸡头不当凤尾”的发展阶段。这时，招聘经理就要强调不同平台的特点及其对人的影响，一味地吹捧大平台的优势是无效的。

（3）福利。年假、病假、弹性工作制、六险一金、公司食堂、丰富的团建和娱乐活动、舒适的办公环境、健身房、各种补助及学习鼓励金等都算福利。招聘经理要一项一项地介绍清楚，这样才能体现出自身的专业性。

（4）职级。如何向候选人讲解职级也是一件极具艺术性的工作。为了让候选人更好地理解本公司的职级，招聘经理需要站在候选人的角度进行思考，尽可能将公司的职级体系讲清楚，让候选人明明白白地进来。

（5）汇报关系。很多候选人非常关注这一点。直接向 CEO 汇报还是向副总裁汇报，直接向总监汇报还是向总监下面的经理汇报，必须和候选人讲得清清楚楚。

（6）岗位职责要求乃至关键绩效指标。介绍这些情况是为了给候选人一个明确的预期，让候选人了解公司、部门对他的期待，同时也能在招聘前期尽可能排除入职后闪电离职等情形。

（7）行业前景和公司前景。这是很多候选人非常看重的因素。在移动互联网时代，风口很多，创业者们蜂拥而至。出行、团购和内容等各个垂直领域都有强大的独角兽公司和小而美的创业公司，行业前景是否与候选人的职业发展诉求相匹配是非常重要的。

（8）公司资源支持情况、公司高管的战略眼光、公司融资情况和业务发展阶段。在介绍这些方面的情况时，必须实话实说，否则候选人入职之后很快就会发现真实情况和之前说的不一样。在招聘前期介绍公司情况时越贴近事实，招聘失败的可能性越低。

（9）公司所在城市、办公环境、加班情况和出差频次。这些都属于客观情况，一般无法因个人改变。招聘经理必须将真实情况告知候选人，尤其是加班情况。有些招聘经理面试的时候说这个部门不加班，候选人入职后却发现这个部门加班非常严重，于是过了一阵子就离职了。招聘经理不能故意隐瞒真实情况，如果某位候选人不能接受加班，就要寻找其他候选人。

（10）专业能力和潜力评分。一般来说，类似的评分工作都是由业务部门完成的，招聘经理需要做的就是提供标准化的通用工具。此外，招聘经理及 HR 部门还要做好面试流程、面试评价、定岗定级标准化以及面试官培训等工作。

（11）性格、兴趣爱好、人生观和价值观。这些都能很好地反映候选人的精神面貌，体现其价值观是否与团队相匹配等，这些都是招聘经理要重点关注的地方。

（12）忠诚度。一般来说，招聘经理会采用“以过去预测未来”的方法判断候选人的忠诚度。如果一个人在前一家公司遇到诱惑或困难时忠诚度较低，那么在下一家公司遇到同样的诱惑或困难时也有较高的概率放弃忠诚。

（13）手里的其他 Offer、原公司是否挽留以及与原公司是否签订了竞业禁止协议。很多招聘经理都会遇到这样的情况：候选人顺利通过了面试，对 Offer 也比较满意，但最后却没有入职。

一般来说，越优秀的候选人，可以选择的公司越多。招聘经理可以使用下列技巧尽量避免这样的情况。

- ❖ 尽可能在第一次通话或见面的时候，问清楚候选人的求职意向和本公司在其心中的排序。
- ❖ 尽量与匹配度较高的候选人建立私人联系，与对方单独见几次面，让对方多说一些心里话，弱化对方的戒备心理。
- ❖ 通过微信和电话对候选人进行及时干预和影响。就算有对手来抢人，也不要怕，对手越强，越说明你的选择是对的。这时，应该尽可能和业务部门的负责人一起说服候选人，甚至请 CEO、董事长和投资人帮忙说服候选人。
- ❖ 对于可能存在的竞业禁止协议限制，要提前准备预案；如果候选人必须履行竞业禁止协议，就要及时与其沟通。

综上所述，只有知道自己能提供什么样的“胡萝卜”，同时知道候选人想要什么样的“胡萝卜”，才能实现候选人和岗位的充分匹配。

建议

（1）分析候选人最重视的三个因素，看自身优势是否与之匹配。

（2）有意识地结合本公司的优势对候选人进行引导。

（3）分析公司现阶段的实际情况是否与人才所擅长的领域、所处的发展阶段相匹配，尤其要注意创业公司和成熟公司之间的差别，不要盲目崇拜大公司背景。

找个“钩子”

如何才能与陌生的目标候选人变成朋友呢？你需要找个“钩子”，即能够吸引目标候选人的理由。

招聘经理经常用的“钩子”有以下三种。

（1）双方建立联系的理由。两个人从不认识到建立弱连接需要一个理由，招聘经理要认真地看待这个问题。我经常和自己团队的其他伙伴说，一定要认真打磨你和候选人的沟通语言，优化自我介绍和公司介绍，改善语速和语调，消除影响自身形象的小动作。

（2）双方初次见面的理由。很多电视剧中都有这样的俗套桥段：某女认识某男的契机是把咖啡不小心洒到了对方身上，或者某男把某女怀里的资料撞掉了。作为一位招聘经理，可能不需要参考这些俗套的桥段，但也要找一个合适的理由或者一个恰当的机缘与目标候选人主动建立联系。

（3）双方持续联系并变成好朋友的理由。钱钟书在《围城》中描写的借书情节给青年男女们提供了很好的示范：一本书，一借一还，多了两次接触的机会，而且丝毫没有痕迹。

朋友是互相麻烦出来的，你要对别人的滴水之恩有涌泉相报的意识，也需要时刻了解对方的想法。缺少了持续联系的见面只能叫邂逅。很多人都有机会和行业知名人士见面，但可能只有短短的几分钟，仅靠简单的交谈根本无法给对方留下深刻印象，少了持续联系这个“钩子”，双方很难真正建立职场中的朋友关系。

用好“钩子”

在开展社交招聘的过程中，招聘经理要有意识地培养并形成下列专业能力。

（1）表达困惑。向对方表示希望得到 20 分钟的点拨，并尽可能在这 20 分钟里给出双方保持联系的理由。给对方留下一个好印象，让对方觉得欠你人情。

（2）给对方一个下次主动约你的理由。例如，这顿饭由你来请，或者送给对方一个精心挑选的小礼物。

（3）提前到达见面地点，熟悉环境，思考可能的共同话题。

（4）随机应变。首先，找出双方共同的爱好或者相似的背景，与对方建立初步的和谐关系，消除对方的戒备心理。例如，你可以说：“你去过××市？我也去过！”然后，弄清楚对方是什么样的人，有什么弱点，最近面临什么样的压力，发展情况如何，在公司是否受他人排挤。一旦你掌握了对方的个性和弱点，就可以有的放矢地展开攻势。做这些评估可以帮助你判断是否要与对方再次见面。

（5）把握好听和说的比例。在交流过程中不宜说太多，但也不能毫无互动。一般要留给对方七成时间，自己则占用三成时间。要给对方足够多的时间表达，同时让对方产生自己一直在认真倾听的感觉。

（6）示弱与分析自身缺点。这样做能激发对方倾诉和好为人师的欲望，也能让对方感受到自己的谦卑，让对方更加愿意教授自己。

（7）了解他人的弱点和需求。只有了解对方的需求，明确对方想要的“胡萝卜”是什么，才能够更好地帮助对方，与之建立关系。

（8）让对方觉得自己很靠谱，增强对方对自己的好感。我在几年前曾接到过一位特别专业的猎头的电话，她的第一句话就深深地吸引了我。她的语速、语调乃至介绍的专业程度让我印象深刻。后来，她成了谷歌的一位招聘经理，虽然她只工作了四五年，但她出色的沟通方法值得每个人学习。

【案例】“天生的猎头”（谷歌招聘经理 Candice）

在加入谷歌之后，我因为出色的沟通技能被同事称为“天生的猎头”。他们之所以这么称呼我，是因为我能在第一次接触陌生候选人的开场阶段就快速与对方建立起信任关系，开始高质量的双向交流。如何建立信任关系和开始高质量的交流是很多招聘新人的痛点。在我看来，在“破冰”这件事上并没有所谓的先天优势，完全可以通过后天的练习熟练掌握这项技能。

我们联系候选人的目的是开始招聘对话，预约下一次沟通，约定再次通话或见面的时间，交流行业信息等。在此过程中，我们需要注意以下几个方面。

（1）拨通电话之前。

核心原则：明确通话目的，紧紧围绕目标，在通话过程中绝不跑偏。

我们要提前了解对方的基本信息，包括教育和从业背景、当前任职公司概况以及近期动态等。另外，我们还要发挥社交平台的杠杆作用，将相关话题作为开场的热身话题，如“咱们上周在领英上加了好友”“我在领英上看到了您最新发布的文章，我特别认可您的观点，刚向您发出添加好友邀请”等。

（2）讲一个完整故事，具体包括以下内容：

❖ 问候（要短）；

❖ 自我介绍（要短）；

❖ 说明建立联系的目的，即希望帮助对方解决什么问题（例如，想要了解对方的职业兴趣与求职意愿，或者想要邀请对方出席行业峰会、论坛等活动），阐述要清晰、简明；

❖ 对方的收益；

❖ 交换主导权，请对方提问，明确后续安排，甚至直接敲定初步合作；

❖ 在结束谈话前回顾谈话重点，尤其是双方接下来的行动要求。

（3）没有万能的技巧，但有通用的技巧。

❖ 电话接通后先询问对方是否方便，这是一种礼貌，并不需要真的等待对方思考后回答，第二句话就要直接指出来电目的——在对方仍在思考是否继续通话的时候为其提供重要的判断依据。

❖ 语调要平稳，语气要冷静。对方首先会通过声音来勾勒来电者的形象，因此一定要避免在没有充分准备、情绪不稳定或身体不适时进行重要的通话。

❖ 感知交流节奏。在与对方第一次通电话时，我会见好就收，挂掉电话后迅速发出 E-mail，与对方确认后续的行动要求，并约定具体时间。

❖ 敢于拿起电话。多打电话，在实践中形成方法论，在实践中持续思考优化点，并在下一次实践中验证优化效果，形成良性循环。

2.2.4 共赢——多方利益的最大化

我喜欢读历史小说，我国的很多历史小说都描述了非常精彩的共赢局面。其中，最典型同时也是被误读最多的恐怕就是《三国演义》中那一出漂亮的空城计了。

司马懿夺取了要塞街亭，诸葛亮因马谡大意失街亭而自责用人不当。此时，司马懿率领大军逼近西城，不巧诸葛亮已将兵马调遣到别处，一时难以调回，城中只有一些老弱兵丁。危机之中，诸葛亮坐在城头饮酒抚琴，一副悠闲自在的样子。司马懿兵临城下，但未进城，自退二十里观察。

从表面上看，司马懿被诸葛亮的疑兵之计所退。但实际上，我认为，以司马懿的韬略和当时的兵力情况，他还不至于被吓跑，所以其中另有玄机。

真正的玄机在于，对司马懿来说，诸葛亮的存在以及蜀国的威胁是其在魏国树立威信的根本。只要诸葛亮活着，蜀国的威胁持续存在，司马懿就有存在的价值。一旦诸葛亮被杀，魏蜀战争结束，位高权重的司马懿必将成为魏明帝曹叡的眼中钉，很难自保。

因此，在这场隔空对决中，从表面上看司马懿被吓得落荒而逃，但其实这是一个双方共赢的选择。诸葛亮守住了城池，司马懿回魏，虽然被责罚，但保住了性命。

《三国演义》中的这个故事让我联想到了畅销书《高效能人士的七个习

惯》中的习惯四——共赢思维，即共赢者把生活当成合作的舞台，而不是角斗场。不少人看事情多是非此即彼、非强即弱、非胜即败。但其实世界很大，足以为每个人提供立足空间，不必将他人之得视为自己之失。

这本书讲的共赢思维的三个共赢品德——诚信、成熟、知足，同样适用于招聘。社交招聘中的所有关系的共赢都基于三个共赢品德。

不同类型的关系的共赢

下面逐一分析社交招聘中五种不同关系的共赢。

（1）与候选人的共赢。候选人的目标是找到一份满意的工作，而招聘经理天然具有这样的优势，真正关键的地方在于招聘经理到底是将候选人的个人职业发展和公司的发展结合起来，还是机械地按照“公司要什么人我就找什么人”的思维来完成招聘任务。

有一个肉包子，两个人都想吃，如果 A 吃了，B 就没东西吃，这是零和博弈。但是，如果 A 喜欢吃包子的肉馅，B 喜欢吃包子的皮，而且双方选择合作，那么两个人的目的都能达到，这样就能实现共赢。

（2）招聘团队内部的共赢。很多大公司发展到一定阶段，往往会出现内部争斗的情况，例如，各个部门的招聘经理开始争夺内部人才。这时候，很多人都把精力放在了如何抢人上面，而忽视了最根本的前提——他们本来应该站在同一个战壕里！

每一位招聘经理都有自己的人才库、强连接、弱连接和枢纽节点，为何不把一张张小网通过团队的力量编织成一张大网呢？如果能够织成一张大网，那么招聘团队将无所不能、所向披靡。但很可惜，这种理想的状况很难在大公司实现，因为大家都只关注自己的绩效指标，无暇顾及他人，甚至期盼他人完不成绩效指标。面对这种情况，明智的招聘负责人会设定一些鼓励团队成员相互协作的绩效指标，多开一些内部协作会，让所有团队成员了解其他成员的优势及其负责招聘的职位。

（3）与强连接的共赢。与招聘经理有强连接关系的人一般都是其好友，双方可以交换很多见解，分享各自的连接网。这种关系一旦稳定之后就不容易被破坏，而且能有效地促进共赢，帮助双方共同把蛋糕做大。

（4）与弱连接的共赢。有弱连接关系的双方通过互相帮助，有时候会有预想不到的收获。不要轻易放弃帮助别人，因为你不知道他背后有什么样的连接和资源恰好是你需要的。你要对自己的弱连接进行布局规划，深入了解每个人的特点。很多时候，最能帮助你的往往就是你久未联系但与你有弱连接关系的人。

2013 年我带过一位实习生，在我离开那家公司之后，我们就很少联系了。她后来一直在某公司负责企业文化、文案撰写和公众号运营等工作。2018 年，我所在的公司需要联系这家公司负责此方面工作的人。一开始，我花了四五天都没有联系到什么人，有一天偶然发现她在微信朋友圈转发了一篇文章，正好出自这家公司的公众号。我在微信上仔细一问，她说自己就是文章作者，而且这些年一直在做企业文化方面的工作。真是踏破铁鞋无觅处，得来全不费工夫！

（5）与枢纽节点的共赢。这就是第三章将要介绍的招聘同盟会。

对合作双方来说，共赢的模式是最持久稳定的，也是最互利的。招聘经理要在日常工作中不断思考候选人想要什么，自己提供的这份工作能否满足其期望，如何与对方实现共赢。

实现共赢的前提——行业判断力

实现共赢有一个很重要的前提，那就是双方都要坦诚地把自己的优势、劣势说清楚。因此，一次面试往往是不够的，招聘经理需要和候选人进行多频次和一定时长的沟通交流。在这里要提醒各位招聘经理，在招聘核心职位的时候，要尽可能地把思考的时间拉长。

实现共赢需要招聘经理具备很强的行业判断力，了解不同行业、各个层级足够多的人才的发展轨迹。

（1）华为式横向发展。华为的人才普遍是复合型的，很多技术人员转型做销售工作，这能开阔其横向视野，加强他们与其他部门的合作。

（2）专业纵深式发展。大多数人才都是这样发展的，他们在自身擅长的领域不断地纵深发展，最终成为某个领域的专家。

（3）专业能力优秀进而转向管理。不少人才因为在某个专业领域表现很出色，同时又表现出极佳的项目管理和团队管理能力而晋升为管理者。不过，他们也面临一个陷阱：如果彻底脱离一线，就很容易被淘汰。顺便一提，招聘团队的管理者也应该注意，如果纯做管理，那么很容易被淘汰。

（4）专业能力不够优秀但管理协调能力突出。面对这类候选人，招聘经理要对其经历和外部环境进行深入了解，判断候选人应该继续朝着专业方向纵深发展，还是转型做管理，推荐给候选人的职位是什么样的职位，这个职位是否与候选人的意愿及其规划的职业发展轨迹一致。

共赢思维的误区和心理障碍

注意，千万不要为了招到某个人而招聘某个人。再优秀的候选人，如果不合适自己的公司，结果也不会好。优秀的人不等于合适的人，招聘经理要根据公司现阶段的发展方向、人力成本、核心素质要求和核心业务能力等进行综合考虑，招聘核心职位时既要避免大炮打蚊子，也要避免小马拉大车。

运用共赢思维时最大的心理障碍就是认为社交招聘等于利用他人。事实上，无论是帮助别人找到更好的工作，在职业规划方面为别人提供建议，还是帮助别人的朋友找到更好的工作，都是在创造价值，都是为了实现共赢。

第三章

社交招聘的五大方法

社交招聘的五大方法贯穿于整个招聘过程的某一个或某几个环节，合理运用这些招聘方法有助于强化社交招聘的“骨骼”。

社交招聘的五大方法分别是“4 个 2”招聘法、二度连接招聘法、逆向招聘法、KOL 招聘法和招聘同盟会。

学习社交招聘的五大方法能让我们对社交招聘的理解更加深入。

3.1 "4个2"招聘法

"4个2"招聘法中的"4个2"是指2小时、2天、2周和2个月。一位优秀的招聘经理在这4个时间段内开展的工作应当贯穿于整个招聘过程。

"2小时"，即招聘经理在确认招聘需求后的2小时内，应当开展以下工作：

- ❖ 分析目标岗位的核心胜任力模型；
- ❖ 分析对目标公司、目标岗位和目标群体最有效的招聘渠道；
- ❖ 罗列目标候选人简历中可能会出现的关键词；
- ❖ 思考与目标群体建立连接的方法与途径；
- ❖ 筛选社交平台（如脉脉和领英）上与自己有强连接或弱连接关系的合适的人；
- ❖ 思考可能与目标群体存在交集的内部员工，启动内部推荐；
- ❖ 分析个人的强、弱连接，按照触达可能性的高低对目标群体进行第一次和第二次触达；
- ❖ 咨询与自己有强连接关系的人和枢纽节点，确认他们是否拥有可以触达目标群体的强连接或弱连接。

"2天"，即招聘经理在需求提出后的2天内，应当开展以下工作：

- ❖ 着手建立针对目标群体的新的弱连接；
- ❖ 在企业人才库、猎聘网、智联招聘和前程无忧等渠道中，彻底搜索3年内更新过的合适简历，同时开放BOSS直聘、拉勾网、脉脉和领英等守株待兔型的渠道；
- ❖ 将公开渠道中可能存在同级、同部门和上下级关系的简历梳理出来备用；
- ❖ 持续引导强连接和枢纽节点，梳理是否有弱连接符合要求；
- ❖ 找出一度连接和二度连接网以及社交招聘渠道中可能触达大量目标候选人的组织或可能认识目标候选人的人，尤其是候选人的平级合作部门和直属下级；
- ❖ 与内推人进行一对一沟通，梳理内推人提供的有效信息；
- ❖ 思考强、弱连接的二度连接网；
- ❖ 建立目标人员清单或者目标公司人员地图。如果是中高端职位，则写清楚目标人员的名字和当前任职公司；如果是批量职位，则写清楚大量存在这些职位的公司、组别、各组的概况以及能够触达这些组织的强、弱连接。

"2周"，即招聘经理在需求提出后的2周内，应当开展以下工作：

- ❖ 想办法和所有可能接近目标候选人的、与自己有强连接或弱连接关系的人见面交流并建立联系，包括内推人、社群发起人和网络招聘渠道上看机会的候选人等，了解目标人群的数量和质量；
- ❖ 对存在大量候选人的组织和有较大概率符合要求的候选人进行精准接触，并利用逆向招聘法（详细介绍请参阅3.3节）进行持续性探索；
- ❖ 以2天为节点进行复盘迭代，根据面试过的候选人不断梳理目标画像，与业务需求方持续沟通招聘方向；

- ❖ 对合适的候选人进行二次挖掘，挖掘因某一方面的匹配度不够导致面试失败的候选人的连接网并追问其对行业的理解，不断引导候选人推荐合适的其他候选人，并思考同一家公司是否存在与目标职位需求更加匹配的其他候选人；
- ❖ 以 2 周为节点进行大复盘，按照流程节点盘点已接触人选的匹配情况以及下一阶段应该触达的目标候选人，流程节点包括已接触、待面试、已面试、面试中和面试失败等，目标候选人包括已接触但不看机会的候选人、知道名字但无联系方式的候选人、不知道名字但确定存在于目标公司的候选人等；
- ❖ 梳理与目标候选人同级、同部门或存在上下级关系的人群，与其进行深入沟通；
- ❖ 思考启用猎头能否帮助解决问题，评估现有猎头的能力，如果现有猎头对目标职位不够擅长，则应着手新猎头的招募工作；
- ❖ 梳理面试表，对重点跟进人员、拒绝面试人员、尚无联系方式人员、面试通过但拒绝 Offer 人员、自身不匹配但强连接中有潜在候选人的人员进行重点标注；
- ❖ 从面试过的候选人中挑选出有可能进行大批量推荐的候选人，将自己与该候选人的关系从弱连接转化为强连接；
- ❖ 通过新建立的弱连接挖掘二度连接网，通过低职级员工触达高职级员工。

“2 个月”，即招聘经理在需求提出后的 2 个月内，应当开展以下工作：

- ❖ 在 2 个月内以周或半周为单位复盘招聘工作进展，在第二周结束时，应当将目标公司目标岗位的前任或者前两任候选人添加到进展表格中，必要时可画出彼此之间的关系网，摸索究竟哪位是最合适的候选人，哪位潜在候选人还没有找到；

- ❖ 不断拓展新的弱连接，通过强连接和枢纽节点不断建立弱连接；
- ❖ 2 周后，根据公司预算决定是否启用猎头以及猎头扮演何种角色，若启用猎头，则为猎头提供详尽指导信息，与其一起分析外部人才市场的存量情况，对目标候选人进行第三次锁定。锁定候选人之后，运用多种技巧吸引候选人加入公司。

以上是一位招聘经理的主要工作流程，根据招聘职位的类型和级别的不同，流程可能会略有不同。在大流程上，整个招聘团队应该保持一致，这样才能最大限度地满足业务部门的人才需求。以上基于 2 小时、2 天、2 周和 2 个月的时间维度的思考与行动方法就是所谓的“4 个 2”招聘法。

“4 个 2”招聘法适用于扩张型招聘、中高端职位招聘和人才地图等多种场景。同时，它也是招聘经理提升工作效率、为业务部门提供更好支持的红宝书。运用“4 个 2”招聘法时需要考虑招聘职位的不同，有针对性地开展渠道分析。例如，以季度、月度为周期召开渠道有效性总结会。

3.2 二度连接招聘法

20~50 个强连接和枢纽节点是相对容易找出的，如果我们能够梳理出来 200~500 个弱连接，那么通过这些弱连接扩展出来的上百个强、弱连接就形成了我们的二度连接网。二度连接网让我们有充分的想象力去触达足够多的目标候选人，因此二度连接非常重要。

对自己的人才库和强、弱连接进行有效的布局规划，通过个人的二度连接网开展招聘的方法就是二度连接招聘法。

我们可以用一个等式来表示二度连接的数量：

二度连接的数量 =（人才库 + 强、弱连接）× 二度连接网等式右边第一个括号内的内容可以理解为一位招聘经理的所有信息流、强连接、弱连接和枢纽节点的汇总；“二度连接网”是指这些连接的一度连接甚至二度连接，也就是你的强、弱连接的强、弱连接。

二度连接招聘法可以通过当前已经具备的强、弱连接最终覆盖几万人，这是一个令人惊叹的数字！

在图 3-1 中，A 目前可以连接到的 1、3、5 都有大量的连接，而 1、3、5 的大量连接构成了 A 的二度连接网。A 可以通过很多个类似 1、3、5 这样的朋友得到多个二度连接网。

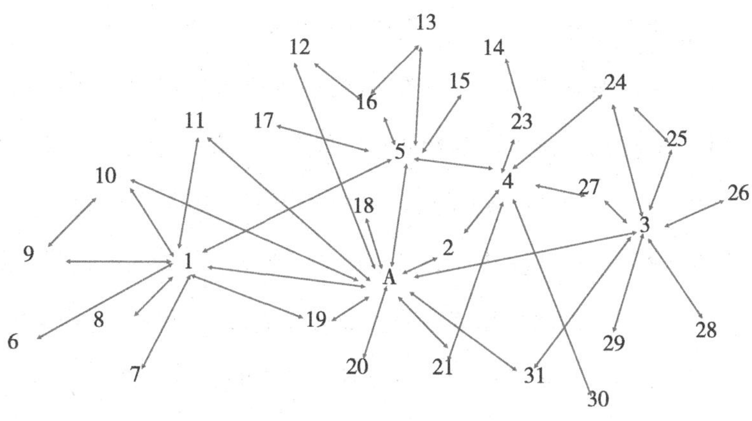

图 3-1 二度连接招聘法

我们在使用脉脉和领英的过程中经常会发现目标候选人是自己的二度好友，这说明你和目标候选人之间隔着某个好友，通过这个好友找到目标候选人的过程就是应用二度连接招聘法的过程。隔在你和目标候选人之间的好友一定是你的三个圈子中的某个人。三个圈子理论是二度连接招聘法的基础，如果没有运营好三个圈子，就很难将二度连接招聘法运用自如。

一个目标候选人身边往往有 5~10 个水平与其相当的人，这些人可能一部分在目标公司内部，一部分在目标公司外部，找到这些人就是典型的二度连接招聘法的应用。很多猎头在得到候选人不看机会的回答之后，往往会追问“你有什么其他推荐”，这种推荐也属于二度连接招聘法的应用。

招聘经理的强、弱连接能否触达目标公司在很大程度上决定了招聘效率。

【案例】根据一度强、弱连接能否触达目标公司分析四种二度连接

在图 3-2 中，一度弱连接可以分为两种：一种可以直接触达目标公司，另外一种无法直接触达目标公司。如果是前者，应尽量将其转化为强连接，深入了解目标公司。如果是后者，则要分情况处理：若一度弱连接的强连接可以触达目标公司（如目标公司的离职员工），则要尽可能将其转化为强连接；若一度弱连接的弱连接可以触达目标公司，则仍要积极尝试了解目标公司。

一度强连接也可以分为两种：一种可以直接触达目标公司，另外一种无法直接触达目标公司。如果是前者，那么不论将其发展为内线，还是与其沟通交流，都非常方便。如果是后者，则要分情况处理：若一度强连接的强连接可以触达目标公司，则要发展三度连接、将二度强连接变成内线或者了解该组织并找到联系方式等；若一度强连接的弱连接可以触达目标公司，则要进行引导型内推。

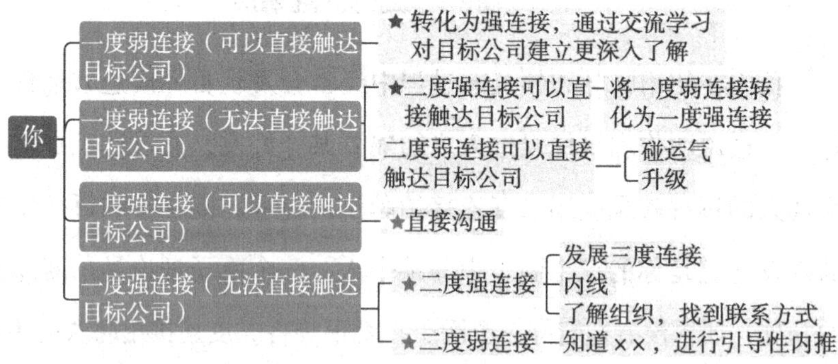

图 3-2　一度连接可否直接触达目标公司的不同情况

二度连接招聘法的应用范围非常广泛，可应用于扩张型招聘、高管招

聘、内推招聘、猎头招聘和人才地图等场景。二度连接招聘法也是社交招聘的核心方法之一。

在扩张型招聘中，招聘经理经常运用二度连接招聘法，通过枢纽节点寻找目标人才存量大且符合职位要求的公司。在内推招聘中，招聘经理可以通过内部员工的强、弱连接，找到符合目标职位要求的人才。在高管招聘中，目标公司中符合职位要求的高管往往与招聘经理没有强连接或弱连接关系，但招聘经理可能和某个中间人比较熟悉，招聘经理可以通过中间人的介绍成功触达目标高管。在猎头招聘中，猎头的连接网能进一步完善招聘经理的二度连接网。在人才地图中，招聘经理经常通过个人了解整个组织或部门的情况，这也是对二度连接招聘法的极致应用。

3.3 逆向招聘法

逆向招聘法很常用，在扩张型招聘和高管招聘中使用很频繁。尤其是在面临找不到人的情况时，招聘经理应当先逆向思考可能存在的目标圈子，再开展招聘，即先思考目标候选人可能出入的各种场景，打入目标候选人的朋友圈，想办法获得目标候选人的联系方式，进而结识目标候选人。

这种通过认识与目标候选人有强、弱连接关系的人，从而认识目标候选人的招聘方法就是逆向招聘法。

逆向招聘法非常有效，它可以引导招聘经理时刻思考目标候选人可能与谁有强、弱连接关系。通过这些中间人，招聘经理可以迅速缩短自己和目标候选人之间的距离。

每个人都处在不同的圈子中，这些圈子至少包含以下八种。

（1）同乡和亲戚圈。每个人都有无法改变的血缘和地域连接。

（2）公司圈。公司里的每一个人都是公司圈的一员，无论与其他人是主动结交的还是被动结交的。

（3）同行圈。同行之间往往能擦出很多火花，不管与他们是竞争关系还是互利共赢关系，同行之间的交流都是必不可少的。只有在了解对手的同时提升自己，才能不断精进。

（4）前同事圈。绝大部分人从原公司离职后仍会与部分前同事保持来往。

（5）爱好兴趣圈。拥有共同爱好（如运动和休闲方式等）的人很容易聚到一起。

（6）校友圈。不论毕业了多久，同窗情都能引发人的共鸣。

（7）原本没有交集的主动或被动社交圈。某些人原本不在上述圈子内，但在某些特定场景下，自己主动或被动地与他们产生了交集，和他们成了朋友。

（8）和目标群体有交集的中间人圈。例如，在为视频网站招聘大客户销售人员时，可以通过与各家视频网站有业务来往的公司的商务人员了解候选人能力的强弱。

通过结识候选人所处圈子里的人，进而结识候选人，这是逆向招聘法的常规做法。在图 3-3 中，为了接触目标 B，要先接触中间人目标 A，然后通过目标 A 接触目标 B。

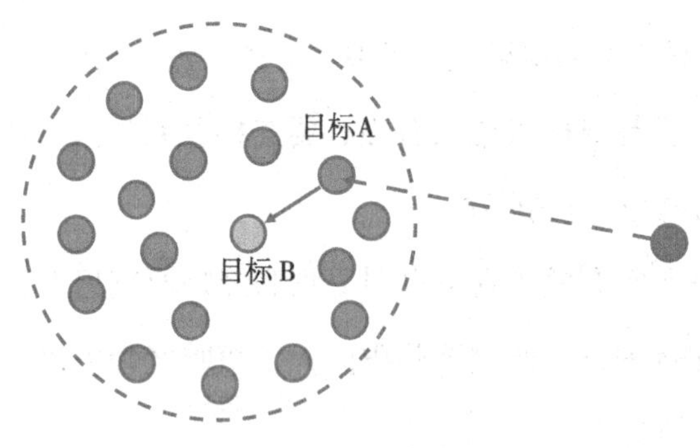

图 3-3　逆向招聘法

逆向招聘法与“黑话”

在使用逆向招聘法之前，招聘经理有必要弄明白候选人所在圈子中的

“黑话”，因为这能让招聘经理更轻松地进入候选人所在的圈子。

下面以不同公司的职级和职位为例进行说明。不同公司对职级的定义和对职位的叫法是不同的。例如，某知名外企的工程师序列的职位名称由低到高分别是 SDE、SDE2、Senior SDE、Senior SDE2、Principal 和 Partner。如果你在这家公司搜索“高级工程师”这个职位，那么很可能一无所获。再如，某电信设备提供商的职位名称多为简写，包括 PDT、SPDT、PL、PM 以及 ×× 代表、部长等。如果你在这家公司搜索“总监”这个职位，那么也很可能一无所获。

此外，很多招聘经理都会将某电商公司的 P 职位序列作为衡量候选人能力的标尺。与此类似的例子还有某搜索公司的 TPU、Band 职位序列，某电信设备提供商的 13-22 级，等等。如果招聘经理完全听不懂这些“黑话”，就很难真正打入这个群体。

基于爱好兴趣圈的逆向招聘法

大部分技术人员都会在一些技术类网站设立自己的个人主页，在这些网站上能够找到非常多的技术人才。通过浏览他们的个人主页、了解他们参与的项目，就能找到很多合适的候选人。

与此类似，很多拥有相同兴趣爱好的人也会聚集在特定的网上论坛或者社群中。在产生相关的招聘需求时，招聘经理只要打入这些论坛或者社群，就能顺藤摸瓜，找到合适的候选人。

> 某运动品牌公司需要招聘一位球鞋品牌管理人才，该公司在专业社区“虎扑”上发布了一个招聘的帖子，结果吸引了很多对该职位感兴趣的人。这种利用聚集了大量潜在目标候选人的线上论坛招聘人才的方法，也属于逆向招聘法。

基于招聘网站的逆向招聘法

有不少招聘经理在招聘网站上找到了目标候选人公司里面的平级或下级，并通过和他们的交流，将整个公司的组织架构和核心人才摸排得一清二楚，从而迅速锁定目标候选人。

我曾为某公司招聘过一位销售副总裁。在探寻目标候选人的过程中，我在目标公司中找到了一位刚刚离职并加入另外一家新公司的总监，但是其资历尚达不到销售副总裁的要求。于是，我花了两天时间向这位候选人介绍本行业、本公司及其优势，这位刚跳槽的候选人虽然没有意愿前来面试，但我引导他推荐了自己的前老板，也就是目标公司的销售副总裁。最后，他的前老板成功入职。

在图 3-4 中，在寻找某公司的技术总监 1 的过程中，可以先找到 6、7、8、9、10、17、5、19 等技术总监 1 身边的多位好友，通过他们结识技术总监 1。

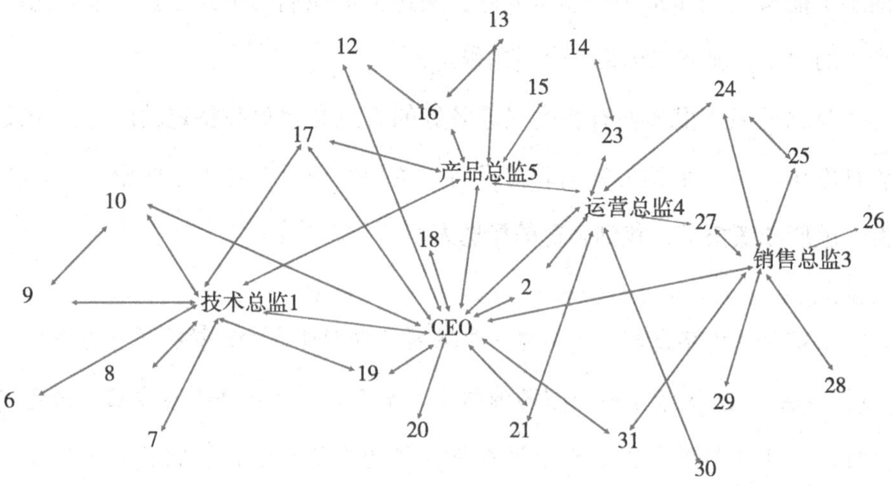

图 3-4　如何找到技术总监 1

3.4 KOL 招聘法

要想全面了解一个行业或者完成中高端职位的招聘任务，最好的方式就是和这个行业中最优秀的公司的关键候选人建立连接，与他们沟通，向他们学习，对这个行业的主要公司和人才进行“降维打击”，从而形成对该行业中主要公司和人才的产品、技术、营销能力的判断力，然后对所有人才进行精准摸排，最终锁定目标候选人。这就是中高端职位招聘中常用的 KOL 招聘法。

在开展中高端职位招聘的过程中，一定要熟练运用三角共赢理论中的胡萝卜思维和示弱思维，结识行业内的 KOL，并通过这些 KOL 建立社交招聘连接网。这是一种非常精准的招聘方法，因为一个优秀的人身边往往会有同样优秀的 5~10 个人。

KOL 的人员构成

本书第二章介绍过社交招聘连接网中的四种角色，即领袖、枢纽节点、专家和助理。KOL 主要包括领袖、枢纽节点，也包括一部分专家和助理。他们主要是下面这几类人：

- 目标公司的在职中高层管理者；
- 目标公司的离职中高层管理者；
- 目标公司的中高层管理者的秘书、业务助理等能够接触到足够多行业前沿信息的人员；
- 目标公司的战略规划部门或总裁办公室的其他人员；
- 人力资源总监、组织发展负责人、招聘负责人等对公司业务发展有一定理解力的人员；
- 在行业中摸爬滚打多年的猎头；
- 行业中某个领域的专家，如产品、运营、销售等领域的专家；

❖ 在行业中从业 10 年以上的“老人”。

他们是招聘经理在做中高端职位招聘时必不可少的外部支持力量。通过他们，招聘经理能快速并深入地了解一个行业，补齐认知短板。在这个过程中，招聘经理也可以结合运用逆向招聘法和二度连接招聘法，优先和这些人建立弱连接，通过持续运营将其发展为枢纽节点。

一家小型创业公司中的 KOL 有技术总监 1、产品总监 5、运营总监 4、销售总监 3 和 CEO，如果想深入了解这家公司，那么只需与这五个人建立连接，如图 3-5 所示。

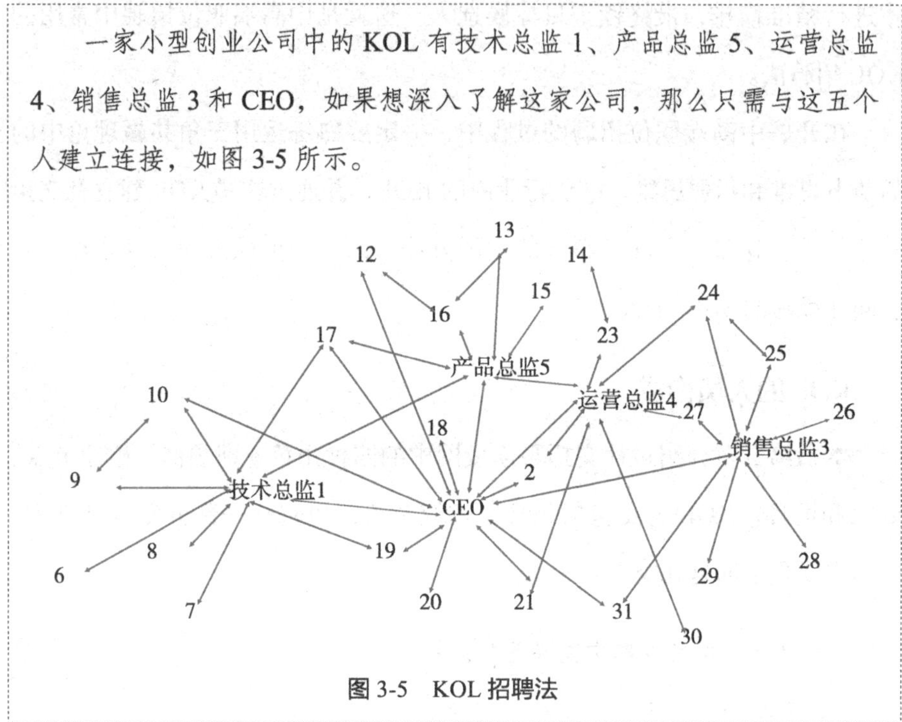

图 3-5　KOL 招聘法

发现并接近 KOL 的方法

发现并接近 KOL 的主要方法如下。

（1）新增职位时，请业务部门提供目标公司 KOL 名单。

（2）运用逆向招聘法和二度连接招聘法与 KOL 建立连接。

（3）把自己变成 KOL，打造个人品牌。

（4）对日常积累的人才库、个人连接网中的 KOL 进行盘点和标记。

（5）KOL 往往会参加各种活动、发表演讲，以此打造个人品牌，我们可以通过网络社交平台或网络招聘渠道与之建立连接。

（6）与招聘网站上正在找工作的目标公司的前员工或者熟悉目标公司的猎头沟通。

（7）合理运用三角共赢理论，找到 KOL 的有效需求，让他们进入好为人师的状态，再请他们帮忙推荐候选人。

（8）很多 KOL 就在我们身边，尤其是公司内部曾在目标公司工作过的员工。

3.5　招聘同盟会

行业中的多个枢纽节点，在价值观一致的前提下，彼此信任、彼此依托，互相分享各自的连接网，就形成了招聘同盟会。

当你连接的枢纽节点逐渐增多，维系能力临近极限时，成立招聘同盟会是最有效的解决办法。

加入招聘同盟会的人必须符合一定的条件：

（1）人品正直，不与其他成员争利；

（2）互信互利，善于分享，懂得施比受有福；

（3）自带大量强、弱连接，深耕某些领域，自身是枢纽节点。

建议招聘同盟会的成员对准盟友进行评估和投票，准盟友必须完全符合并认同以上三点，而且获得当前盟友的一致同意，方可加入招聘同盟会。

下面列出了一些很常见甚至可以说必不可少的招聘同盟会：

- ❖ 内部员工招聘同盟会；
- ❖ 某行业招聘经理招聘同盟会；
- ❖ 目标公司一致的招聘同盟会；

❖ 猎头伙伴招聘同盟会。

招聘同盟会的建立

招聘经理连接的枢纽节点越多，这些枢纽节点能覆盖的行业和领域就越多。当你与枢纽节点分享自己的连接网时，你也有机会接触到枢纽节点带来的新鲜的、优质的连接网。我们可以把每家公司看成一个圈子，只要找到每个圈子中的枢纽节点，你就能在需要支持和帮助的时候向他们咨询，他们可以通过自己的强、弱连接迅速帮助你连接目标候选人。

优秀的招聘经理都懂得通过有效运营枢纽节点建立自己的招聘同盟会。有了这些招聘同盟会，招聘经理就能在任何一家公司中熟练地开展社交招聘。

> **【案例】**移动电商公司的招聘经理如何创建招聘同盟会
>
> 移动电商公司的招聘经理在创建招聘同盟会时应该重点考虑下列枢纽节点：
>
> ❖ 各家移动电商公司离职、在职的招聘经理和移动电商行业猎头；
>
> ❖ 各家移动电商公司的产品、技术、市场等部门的负责人；
>
> ❖ 曾在排名前 10 的移动电商公司工作过的同事；
>
> ❖ 移动电商行业之外的、在技术或者其他通用性强的领域具有影响力的专家和高管等。

建立招聘同盟会并不复杂，招聘经理只要充分利用或者有效构建公司内部的分享机制和共赢机制，把公司里面的内推达人组织起来并用好，一个天然的招聘同盟会就诞生了。

第四章

社交招聘的五大应用场景

社交招聘可以应用于不同的场景，本章将重点介绍扩张型招聘、高管招聘、校园招聘、内推运营和猎头合作五大应用场景。

4.1 扩张型招聘

很多公司都会遇到某个职位或者某项新业务人员需求量激增的情况，此时，招聘经理应该如何运用社交招聘快速进行扩张型招聘呢？

碰到这种情况时，招聘经理需要使用前面介绍的三角共赢理论、“4个2”招聘法、逆向招聘法、二度连接招聘法和招聘同盟会等理念和方法。

扩张型招聘的步骤及要点

扩张型招聘的具体步骤及要点如下。

（1）全程运用“4个2”招聘法。

（2）盘点人才库、强连接、弱连接、枢纽节点以及招聘同盟会。盘点可以触达目标候选人的强、弱连接以及人才库中曾经与目标候选人同组或同部门的人，通过脉脉和领英等快速添加目标候选人，盘点哪些枢纽节点与目标候选人有强、弱连接关系，以及通过招聘同盟会中哪些成员的二度连接可以触达目标候选人。

（3）在短时间内完成第一轮约见，通过第一轮约见进行二次精准匹配，再次对目标候选人进行精准画像。

（4）重点关注目标候选人较集中的公司，优先使用内推（包括引导性内推和外部候选人推荐）和逆向招聘法，思考如何触达与目标候选人有强、弱连接关系的人，想办法找到这些强、弱连接中的枢纽节点，将目标候选人的强、弱连接转化为自己的强、弱连接。

（5）适时启用猎头、招聘流程外包等，寻求外部支持。

开展扩张型招聘时的注意事项

扩张型招聘在带来大量人才的同时也可能会带来一些问题，招聘经理要重点关注下列事项。

（1）开展扩张型招聘时应该尽可能遵循从上到下的原则，避免在缺乏主心骨的情况下盲目扩张团队。在团队负责人未到位的情况下，员工的招聘务必谨慎进行。主要原因有两个：一是避免判断错误，二是避免负责人到位之后工作思路发生改变，从而造成不必要的人才流失。

（2）警惕负责人内推比例过高的情况，防范“小山头”现象。

（3）站在组织发展和外部人才市场的角度思考招聘需求是否合理，是否可能出现“眼见他起高楼，眼见他宴宾客，眼见他楼塌了”的后果。时刻关注业务需求和进度，避免为了招聘而招聘。

（4）尽量招聘能在业务创新与发展方面创造价值的“骨头”，避免招聘可替代性强且徒增成本的“肥肉”。

（5）适当复用公司现有人才，这样做不仅可以培养员工的多样化能力，而且节约了成本。

> **【案例】**某移动视频公司在 30 天内招聘 15 名安卓开发工程师
>
> 2013 年，移动视频业务蓬勃发展，移动视频公司百花齐放。某移动视频公司产生了在一个月内招聘 15 名安卓开发工程师的招聘需求。2013 年的安卓开发工程师的火爆程度不亚于 2018 年的算法工程师。
>
> 为了确保人员快速到位，该公司招聘团队采取了下列步骤。

第一步：梳理目标公司，盘点现有安卓开发工程师的工作背景，并分别让他们列出原公司所有在职、离职员工的姓名和联系方式；梳理公司人才库中所有移动视频方面的人才，请其中曾与安卓开发工程师有过交集的测试、产品经理列出原公司安卓开发工程师的姓名和联系方式；使用“4个2”招聘法进行招聘。

第二步：给每一位前来面试的候选人发放推荐卡，请其推荐其他的安卓开发工程师，推荐成功即可获得大礼包。

第三步：梳理强、弱连接，找出枢纽节点，与枢纽节点进行一对一沟通。其中某个枢纽节点推荐了原公司安卓开发团队的所有成员，并邀请超过70%的成员参加面试，最终有7个人成功入职。

最终，招聘团队圆满完成了招聘任务。其中，由枢纽节点推荐的成功入职的人员占比超过70%。

4.2 高管招聘

进行高管招聘时，除了运用KOL招聘法，我们还可以运用三个圈子理论、三角共赢理论、逆向招聘法、二度连接招聘法和招聘同盟会等理念和方法。

高管招聘的六大步骤

高管招聘主要包括以下六大步骤。

（1）分析需求，锁定目标。招聘团队一定要结合公司的发展战略和现有人才情况确定招聘需求。

在高管招聘中很容易产生“外来的和尚会念经”的臆断。一些公司在业务上遇到一些困难，就认为需要更好的人，结果那些空降兵既没有解决问题，还把整个公司搞得乌烟瘴气，让公司错过了最佳的发展时机。“小马拉大车”当然不可取，但如果公司现有人才经过磨炼可以胜任相关岗位，就要优先考虑内部提拔，这样既培养了人才，又增强了团队向心力。

在明确了招聘需求之后，还要充分了解外部的人才市场以及竞争对手。不同的公司拥有不同的优势，有的公司技术领先，有的公司销售团队强大，有的公司渠道和集成能力强，有的公司善于做品牌推广。不同公司的优势各不相同，其优势人才也不尽相同。只有对外部市场进行充分的了解，才能锁定目标公司的核心人才。

（2）运用逆向招聘法找到目标候选人。锁定目标之后，就要了解目标公司，并通过浏览其官方网站或论坛以及参加沙龙、论坛等活动搜索目标候选人。很多候选人都有领英和脉脉账号，看看是否可以通过这些渠道联系上他们。与此同时，思考自己的枢纽节点和强、弱连接是否可以触达目标公司，尝试通过中间人找到目标人才。

一般来说，因为候选人的职位较高，所以他们很可能是一个枢纽节点，我们很容易通过逆向招聘法发现其强、弱连接。

（3）思考什么是目标候选人的“钩子”和“胡萝卜”。这时需要运用三角共赢理论，思考以下几个问题：如何在找到目标候选人后与之建立起连接？如何确定目标候选人想要的“胡萝卜”？

很多高管在碰到机会的时候大多会犹抱琵琶半遮面，不会直接表露出自己的诉求。不过，只要目标候选人愿意见面交流，就说明对方是有一定意愿的。

很多时候，我们不仅要了解目标候选人，还要找到其前任、下属以及最核心的几位骨干，从多个侧面了解情况。

（4）建立联系与面试。建立联系之后，若目标候选人有意愿，则进入面试环节。在高管的面试环节，除了常规的项目，还应该从六个方面对候选人进行重点考察，这六个方面分别是战略思考与执行、人才梯队建设与人才激励、团队文化与凝聚力打造、创新思维、决断力、统筹规划与资源整合。针对以上六个方面进行面试的方法就是行为面试法，如图 4-1 所示。

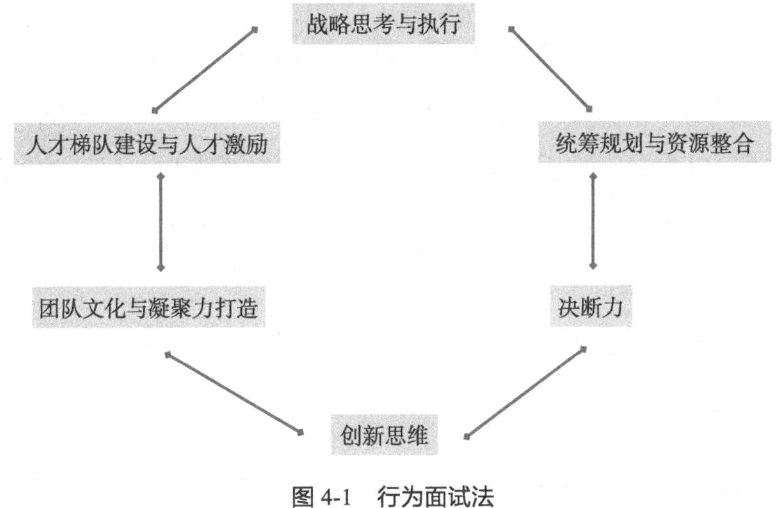

图 4-1 行为面试法

第一个方面是战略思考与执行。候选人在这个方面的能力决定了其能否带领团队达到一个新的高度。要重点考察候选人在重要时刻尤其是面临公司当前遇到的困难或问题时，做出了什么样的反应，采取了什么样的行动。

第二个方面是人才梯队建设与人才激励，也就是所谓的“人才观”。要重点考察候选人打算如何搭建富有战斗力的团队，想要塑造什么样的团队作风，如何做到人尽其用，如何激励员工发展以及对继任计划有何思考。

第三个方面是团队文化与凝聚力打造。要重点考察候选人打算如何接管一个新的团队，如何在空降到一家新的公司后实现“软着陆”，是否碰到并处理过类似的局面，如何适应及打造团队文化并带领团队成长。

此外，还要考察候选人的领导风格是否与现有团队相匹配。建议邀请现有团队的一些骨干或者未来可能成为该候选人的下属的员工参与面试，共同判断候选人是否符合现有团队的人才观、价值观。

其他三个方面也很重要：创新思维决定了高管的持续创造能力，决断力是高管必须具备的素质，统筹规划与资源整合体现了高管的系统思维和协同能力。

（5）对比候选人，做背景调查，做出录用决策。一般来说，招聘高管时，至少要有 2~3 位符合要求的候选人，才适合做出最终的录用决策。不要一碰到自己认为合适的人就做出决定。另外，要对候选人曾经任职的两三家比较大的公司做背景调查，考察其实际能力是否与面试中表现出来的一致。

（6）发出 Offer。

高管 Offer 的具体内容可以归纳为以下 3 大类、10 小项。

第一类：挑战。

- ❖ 定位：公司对录用者的定位，录用者的级别、汇报关系、管辖团队的规模等。
- ❖ 愿景和目标设定：录用者的个人目标与企业目标是否一致，公司的期望是否与录用者的个人意愿一致。
- ❖ 创造力和发挥空间：录用者是否有充足的发挥空间和自由度，是否可以通过创造性的思维来摆脱当前的困境。

第二类：价值体现。

- ❖ 认可和被需要：公司是否要求录用者解决特定的问题，解决这类问题是不是录用者所擅长的。
- ❖ 长期价值：录用者能为公司带来什么价值，这种价值应该是公司长期需要的，而不是半年或一年后就不再需要的。
- ❖ 适应性：录用者进入公司之后能否实现“软着陆”，能否长期效力。

❖ 参与（影响）核心决策：录用者是否可以参与制定公司的长期发展规划并对公司的发展方向产生一定的影响。

第三类：薪酬。

❖ 薪酬水准：公司是否提供充足且具诱惑力的物质回报。
❖ 长期激励：公司是否提供股票和期权等长期激励。
❖ 特殊激励：在录用者未来达成特定目标时公司是否提供特殊激励。

【案例】万达影视寻找项目开发副总裁（Spring 行业总监 Mocca）

2013 年，万达成立影视公司时想找一位影视项目开发副总裁，要求薪资不超过 300 万元，而且必须是一线电影公司项目开发负责人。

影视行业的圈子相对较小，当时的一线公司有华谊、小马奔腾、光线传媒以及另外两家公司。将目标锁定为这些公司后，我们就开始物色合适的人选。从事影视行业的人喜欢使用微博，于是我们一边通过百度搜索热门电影背后的开发公司的负责人，一边通过微博搜寻目标公司的候选人，最终锁定了 ×× 公司的副总裁、香港人 K 总。

K 总之前开发了《泰囧》和《让子弹飞》等成本低、收益高的大获成功的作品。第一次给他打电话，他直接拒绝了。之前有猎头曾经联系过他，向他推荐了这个职位，他当时拒绝了。他很坚定地说，薪资达不到 300 万元他是不会考虑的。知道他在意薪资之后，我反而轻松了，我更怕候选人不明确地提出自己的诉求。我避开薪资的问题，跟他聊了聊万达影视。我讲了万达影视的优势，也坦诚地描述了万达影视目前遇到的困境。

最后，我追问："能否和万达影视的CEO Y总见面聊聊，就算是行业交流？相信您的成功经验一定能给万达影视带来启发！"我料想，这种累积业内资源的机会，对方一定不会拒绝。在得到肯定的答复之后，我迅速联系了Y总，和他沟通了候选人的背景。他表示一定要抓住这个人才。

接下来的几轮沟通都以业务交流为名，我们一步步推进面试流程。在此过程中，候选人几次想打退堂鼓，我就用万达在影视行业的资源优势和万达旗下院线对各家影视公司的重要影响进行旁敲侧击。我向他表达了两个观点：第一，万达是未来市场中的最佳选择，即使目前不想动，也要把这层关系维护好，退也要退得体面；第二，万达院线目前拥有30%的电影排片资源，未来开发的任何项目都要靠万达院线变现，这正是这个职位的优势。

一步步推进到了Offer环节，万达影视给出了298万元的薪资，虽然非常接近300万元，但候选人还是以多种理由表示不满。我帮他分析了市场上所有的可选公司，问了他两个问题："您可能一辈子留在××公司吗？""市场上哪家公司能给298万元的薪资？"第一个问题的答案当然是否定的，候选人有自己的职业规划。而且，他是香港人，不可能一直留在北京发展。第二个问题的答案也是否定的。除了万达影视，恐怕没有哪家影视公司有如此财力可以给出这样的Offer。

候选人思索再三，他认为也许这个机会出现的时间点不好，但的确是目前市场中难得的好机会。最终，他在两个星期之后接了Offer。

高管招聘的特点

高管招聘具有以下一些特点。

（1）保密要求极高。高管一般不会直接告诉招聘经理他们在看机会，因为他们不希望目前任职的公司知道他们在找工作，否则会给他们带来很多不必要的麻烦。因此，在开展高管招聘时，做好保密工作非常重要。

（2）要先明确候选人想要的“胡萝卜”。很多招聘经理在不了解候选人现在处于什么发展阶段、不知道候选人真正想要什么的情况下，就开始向候选人介绍职位，这是高管招聘的大忌。在明确候选人想要的“胡萝卜”之前，千万不要轻易下注。

（3）先交流，后面试。很多候选人不愿意参加面试，这时招聘经理要说服面试官，先和候选人喝几次咖啡。一回生，二回熟，交流几次之后，双方逐渐建立了感情，这时再邀请候选人参加面试就水到渠成了。

2013 年，某电商公司正处于爆发式发展的阶段，其员工尤其是高管成了各大互联网公司重点招揽的对象。该公司的某位高管刚好卸任，另外一家大型互联网公司多次向其发出邀请，但是这位候选人一直拒绝。最后，那家大公司只好以请候选人做一场培训的名义将其请来。培训结束后，那家大公司的 CEO 立刻和候选人进行了交流。虽然最后候选人没有加入那家大公司，但双方还是通过交流建立了连接，这就是典型的“先交流，后面试”。

（4）先做顾问，后入职。面对有很多选择的候选人，可以先邀请对方以顾问的身份参与公司的某些工作。候选人刚开始可以每周来半天，然后每周来一天、两天，到最后就可以直接入职了。

（5）背景调查要做足。高管往往对公司有着决定性的影响，在开展高管招聘时要非常注意候选人背景的真实性，千万不要被候选人的头衔和光环所蒙蔽。

（6）充分思考双方的匹配度。很多人才很优秀，但不一定适合你们公司。在大型电商平台上做一个活动就能带来几千万元营收的运营人员，在相对较小的平台上不一定会有这么大的能量。千万不要把平台的势能当成候选人的能力。

4.3　校园招聘

这些年，很多人都在说校招越来越难做了，网络招聘渠道挤压了校招渠道的空间，现场人数越来越少，“面霸”层出不穷，即使发了 Offer，最终能入职的人也没几个。

但实际上，并没有哪种渠道能够触达真正优秀的学生。一部分学生手里拿着几十个 Offer，不知道该怎么选；一部分学生面试了很多家公司，但仍旧没有拿到一个 Offer。这种两极化现象仍旧存在。

如何才能精准触达各大高校中最优秀的那批学生呢？

我们可以将社交招聘和校园招聘结合起来，采用精准招聘（Direct Sourcing）的方法，精准锁定校园里的优秀学生，通过社交的手段，与学校的 KOL 建立密切联系，从而达到招聘目的。

精准触达高校中的优秀学生大体可以分为以下几步。

第一步：确定招聘需求、目标院校和招聘数量。

第二步：提前与前来应聘的、在本公司实习的目标院校的学生以及能够与目标院系或实验室建立连接的学生联系，在每年校招季之前的两三个月与他们建立良好的关系。

第三步：通过两三个月的持续维护，确保在进校前就能达到“未进校门，已知学校三分”的程度。这一步是重中之重。

针对校招连接网，可以列出几条更细致的要求。

（1）在核心的目标院系（如计算机系）至少建立 10 个强连接，每个班或实验室至少建立 1 个强连接。

（2）覆盖学校的核心 KOL，包括社团负责人，班长或辅导员，参加过国际、国内、省内或校内知名大赛（如国际大学生程序设计竞赛）的核心队伍等。在两三个月的时间内，覆盖各个方面的 KOL。

（3）获取成绩排名在前 50% 的学生名单，并积极鼓励他们投递简历。

（4）为优秀的学生提供多种面试直通车服务，真正做到在进校之前锁定目标群体。

（5）在进校前一周举办针对学校 KOL 的沟通分享会，对他们进行反复宣导。

有人经过统计发现，一位学生找工作平均需要 45 天。如何在这 45 天里与目标候选人进行更多时间、更高质量的互动至关重要。我认为，进行 3~5 次接触是比较理想的，也就是说，至少要让学生在这 45 天中有 3~5 天接触到本公司，加深其印象。

第一次接触：建立初步印象。让学生了解本公司的优势，激发学生对本公司的向往。第一次接触要尽量早一点完成。一个提前 2 个月建立联系的朋友远比临时来的学生对公司的理解深刻。

第二次接触：宣讲会。让学生了解公司的人才制度、发展空间、团队优势和薪酬福利等。

第三次接触：面试。面试要专业、严谨，使学生在此过程中有收获、有成长，这可以有效地提升学生的体验。

第四次接触：谈 Offer。除了一对一的深入沟通，业务部门积极参与签约会也很重要。尽可能邀请学生到公司进行一次深度沟通，尽可能让更多的公司高管和学生未来的直属领导参与签约过程。

第五次接触：发出 Offer 后。只有持续运营，才能避免在发出 Offer 后人才被其他公司挖走的情况。如果真正做到了“未进校门，已知学校三分”，那么在收到 Offer 的人里应该有很大一部分是当初确定的目标人群，只有持续运营才能真正把他们留下来。

大学生求职垂直平台

现在有一些专门面向大学生的求职垂直平台，如牛客网。

在 2018 年秋季招聘中，某公司的 HR 在牛客网注册了官方账号，并在讨论区发布了校招内推、答疑等帖子，及时向牛客网用户发布公司招聘进度，如面试开始、面试通知发放完毕、笔试开始、路费报销、Offer 发放等。同时，该公司的 HR 还在论坛上搜索校招的相关帖子，与用户互动并答疑。

该公司 HR 利用牛客网讨论区，随时与学生互动并发布校招进度，消除了学生与公司之间的信息差，极大地拉近了公司与学生之间的距离，增强了学生对公司的好感，在学生群体中形成了良好的口碑，为今后的校招打下了良好的基础。

该公司于 2018 年校招时在牛客网发布的帖子的平均浏览量约为 9 000，而 2019 年的校招内推帖发布不到 5 天浏览量已经超过了 13 000。

4.4 内推运营

我曾听某家公司的招聘经理抱怨“任何业务完不成，最后都能把原因归结到招聘上”。虽然我很认同事情是人做的，事情没做好确实有人没招对的原因，但是候选人能否进入终面乃至得到录用并不是由招聘经理单独决定的。

我认为，招聘是公司全体员工的事，第一责任人应该是各个业务部门的负责人。能够成为外部人才市场专家的招聘经理可以最大限度地帮助组织实现业务价值，而最大限度地挖掘外部人才市场往往需要借助内部推荐的力量。

这里所说的内部推荐是指广义的内部推荐，不仅包括公司内部人员的推荐，还包括各种渠道中与我们有强、弱连接关系的人所做的推荐，如面试候选人推荐、引导推荐等。

内推的三大要素

内推的三大要素分别是需求部门、招聘经理和推荐人。

需求部门不仅是需求方，也是招聘结果的第一责任人，同时也很可能是最重要的内推来源方和信息提供方。需求部门不仅要做需求分析，还要在整个招聘过程中通过与候选人的交流及面试，不断细化目标公司、目标部门甚至目标候选人，并为招聘经理提供有建设性的意见和建议。

招聘经理的任务最重，不仅要了解需求部门，还要整合各种资源，分析哪些人可以帮忙推荐，扩散传播招聘信息，建设高效的内推渠道，建立并落实激励方案，打造良好的雇主品牌。

推荐人包括公司内部员工和外部面试者等。**内推的核心在于“内”，而不在于“推”**，因此深入了解内部员工非常重要。外部面试者（即候选人）有时候也可以帮忙推荐其他候选人。

内推的强、弱连接

强、弱连接同样适用于内推，有一部分内推人直接来源于招聘经理的强、弱连接。内推人与招聘经理之间有着天然的信任基础：若内推人在公司内部，则双方有着共同的发展愿景；若内推人在公司外部，则双方有着一起共事的愿望和诉求。招聘经理要时刻关注和梳理内推人的强、弱连接，因为与内推人有强、弱连接关系的人很可能与目标职位非常匹配，而且招聘经理可以通过内推人快速与他们建立联系。

内推的强连接分为以下两类。

（1）内部员工的强连接。招聘经理可以通过内部员工与以下人员建立连接：

- ❖ 员工前公司的老板、下属以及同部门的同事；
- ❖ 员工前公司技术、产品、销售、市场、HR 等部门的核心人才和高潜人才；
- ❖ 员工因工作关系而建立的行业及目标公司连接网中的人才。

内部员工的推荐方式包括主动内推和引导性内推。主动内推比较好理解，很多公司都会不停地传播内推海报、发内推邮件，鼓励员工主动内推。引导性内推则是一项真本事，招聘经理只有对招聘职位和内部员工非常熟悉，才能做好引导性内推。

此外，与内部员工有强连接关系的人有可能是枢纽节点，我们可以通过内部员工与这些枢纽节点建立连接。例如，如果公司同事的家人正好是本行业内另外一家公司的员工，我们就可以通过这位同事了解那家公司的一些情况。

（2）外部候选人的强连接。招聘经理可以通过外部候选人与以下人员建立连接：

- ❖ 候选人同部门的同事；
- ❖ 与候选人不在同一个部门但工作交集较多的同事；
- ❖ 候选人其他连接网中的人才。

外部候选人的推荐方式包括主动推荐和引导性推荐。主动推荐的成效如何在很大程度上取决于自身人才库、朋友圈中是否有足够多的人愿意主动帮助你。我们经常会在微信朋友圈看到别人发布“×× 职位，求推荐”这类信息，发布者的人才库、朋友圈中可能有人愿意主动为他推荐人选，这就属于主动推荐。

引导性推荐则是招聘经理运用逆向招聘法锁定目标候选人的狙击式招聘方法。具体做法是找到和目标候选人在同一个圈子里的人，与他们建立强连接或弱连接，从而锁定目标候选人，这也是对二度连接招聘法的应用。

内推的弱连接也分为两类，分别如下。

（1）内部员工的弱连接。招聘经理可以通过内部员工与以下人员建立连接：

- ❖ 员工在前公司中未频繁接触但掌握部分重要信息（如公司内部核心人才的工作职责、擅长点）的同事；
- ❖ 员工并不熟悉，只是联系过一两次或看过简历的其他人才。

（2）外部候选人的弱连接。招聘经理可以通过外部候选人与以下人员建立连接：

- ❖ 对公司有兴趣的候选人的连接网中的人才；
- ❖ 投递了简历但不合适的候选人同公司、不同部门的同事；
- ❖ 候选人前公司技术、产品、销售、市场、HR 等部门的核心人才和高潜人才；
- ❖ 候选人因为工作或社交关系而添加的微信好友，或者听说过的其他公司的优秀人才。例如，候选人可能在某展会上认识了友商相同部门的人才。

内推的核心在于“内”，而不在于“推”

我经常思考如何才能做好内推，也曾想过各种各样的办法去鼓励、促进内推。我认为，内推的核心在于“内”，而不在于“推”。很多人花了很多心思研究如何写一篇易于传播的朋友圈软文，或者研究设置什么样的奖励机制来鼓励内推，但最后的结果往往是一种“虚假的繁荣”。朋友圈软文看起来被刷屏了，但实际上仅仅覆盖了微信朋友圈中他们最熟悉的那一部分人。最适合的候选人往往需要通过强连接的弱连接或者弱连接的弱连接触达，换句话说，这些人是无法直接触达的。

内推中“内”的真正含义是：招聘经理要多了解公司内部员工，多了解每天遇到的候选人及其背后的连接网，对现有的人才库和强、弱连接进行深入了解与梳理。

下面列出了几个具有代表性的问题，请大家问一下自己，看看自己能否顺利地答出来。

（1）各个业务部门的经理和员工过去曾经任职于哪家公司、哪个部门，担任什么职位？他们在这个部门的上级是谁？平级有几个人，分别是谁？下级有几个人，哪些能力强，哪些潜力大，哪些不能用？上述人员是否曾经在某家目标公司工作过？

（2）他们有哪些朋友正在友商或目标公司工作？他们是否可以为你提供有用的资源和连接网？

（3）每天遇到的候选人有哪些在目标公司工作？他们所在部门的核心目标是什么？这个部门有几个人？候选人的上级、平级分别是哪些人？

如果你对自己公司每一个人（尤其是在目标公司工作过的人）的背景和经历都足够了解，那么当你需要招揽目标公司的人才时，你就知道公司内部的哪些人是你的聚宝盆，哪些人和你有共同的目标（希望公司招聘到优秀的人才），哪些人容易接近（防备心理较弱），哪些人有被认同的心理需求（希望通过为其他人带来价值获得成就感），也就更容易通过他们与目标候选人建立连接。

归根结底，了解推荐人的连接网才是内推的根本。

内推引导的两大黄金期

内推引导有两个黄金期：一是候选人接到Offer后，在原公司办理离职的期间；二是候选人入职后的头1个月。

在第一个黄金期，候选人对原公司的好感度天然降低，对新公司的好感度天然增加。招聘经理应该利用好这段时间，与候选人进行深入、频繁的沟通，在候选人入职之前与其建立强连接关系，尽可能了解候选人原公司的组织架构、上下级关系、核心和高潜人才情况、公司业务发展策略、业务相同部门的对位人员背景、各部门运作模式等有价值的信息。

> 某视频公司在招聘PHP后端开发人员的过程中，通过某位候选人摸清楚了其公司PHP后端开发团队的20多位成员的信息。在候选人的介绍下，该团队有5位以上成员加入了这家视频公司，有效地推动了其业务发展。

如果错过第一个黄金期，那么候选人入职后的头1个月将成为非常关键的时间窗口。此时，候选人刚入职，熟悉新公司需要一个过程。招聘经理在关心新员工的同时，也要引导其挖掘自身的连接网，这也是观察候选人适应能力的一种方式。如果候选人愿意持续地做内推，就说明候选人对公司有着较高的认同感。在这段时间内，招聘经理可以专门和候选人面谈一次，花一个小时详细了解候选人曾经任职的几家公司的情况，同时做好记录。

影响内推的六大因素

影响内推的因素较多，其中最重要的六个因素如下：

❖ 对内部员工的了解程度；

❖ 推荐渠道便捷与否；

❖ 传播是否精准，传播方式是否有创意；

❖ 激励政策；

❖ 雇主品牌；

❖ 需求部门负责人的重视程度。

内推的三大要素和影响内推的六大因素之间的关系如图 4-2 所示。

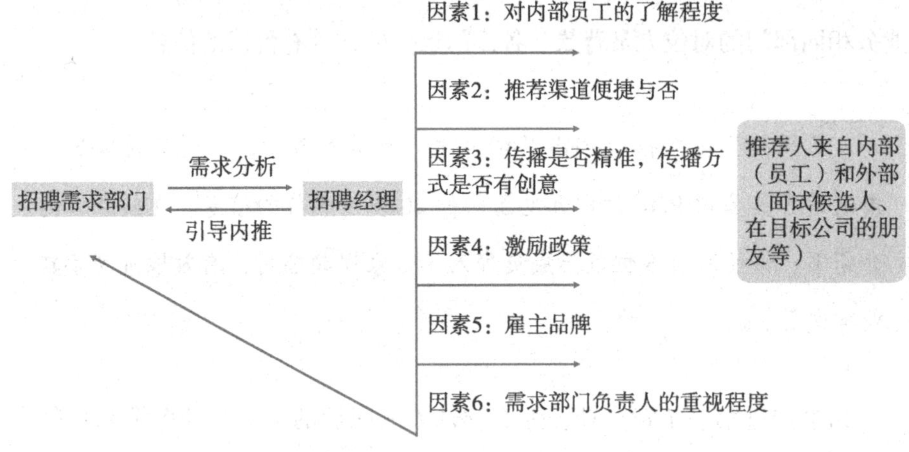

图 4-2　内推的三大要素和影响内推的六大因素

（1）对内部员工的了解程度。如果不了解公司内部员工，不了解自己的强、弱连接和二度连接网，那么肯定无法有效地开展内推工作。

（2）推荐渠道便捷与否。推荐渠道不够便捷的具体表现包括最新空缺职位发布渠道不明确、推荐系统操作复杂、受理推荐的人员不明确、推荐进展无法跟进、结果反馈滞后、面试效率低、推荐奖励发放时间不确定等。

（3）传播是否精准，传播方式是否有创意。传播不够精准的话，就无法覆盖能够触达目标候选人的强、弱连接以及连接网。传播方式没有创意的话，传播效果就不会很好。不过，也要防止本末倒置，传播方式有创意属于锦上添花，并不是内推的关键。

（4）激励政策。无论是过程激励还是结果激励，都对内部员工的推荐积极性有很大的影响。

（5）雇主品牌。雇主品牌体现在企业文化、发展战略、愿景、价值观、人才观、薪酬福利政策和面试体验等多个方面。对招聘经理来说，雇主品牌更多地体现在面试体验如何，对企业文化、价值观、人才观和薪酬福利政策的介绍是否专业，引导是否有效等方面。

（6）需求部门负责人的重视程度。需求部门负责人应该成为内推工作的牵头人，毕竟招聘经理对业务部门员工的影响力通常不如部门负责人。只有需求部门负责人积极鼓励大家做内推，才能最大程度地增强大家的积极性。

请候选人推荐其他候选人的四个最佳时机

请候选人推荐其他候选人的四个最佳时机分别如下。

（1）候选人自己不看机会，但愿意推荐自己的朋友。一位优秀的人才往往有和其能力、水平相当的5~10个朋友，他一定比你更了解他所属的行业和圈子，更清楚哪些人的水平很高、哪家公司的产品更出色。因此，遇到不看机会的候选人时，一定要让对方推荐与其水平接近的另外5个人。

很多人说自己确实问了，但是候选人不说。这种情况确实有可能发生，其原因是候选人在转化弱连接的时候失败了。

候选人可能与其他优秀的候选人并没有什么交情，但候选人一定知道或听说过很多行业中的优秀人才。例如，一位优秀的产品经理一定知道或者听说过一些同样出类拔萃的产品经理。此时，你要做的是引导候选人深入挖掘自身的连接网，通过合适的连接与其他候选人建立联系。

（2）候选人面试失败了，但对公司仍有较强的好感，愿意推荐自己的朋友。这种情况很常见，面试的通过比例一般是5%~30%，有很多候选人是我们见过一面或者加了好友就再也没有联系的。然而，候选人自己没通过面试并不代表他们周围没有更合适的人才，你不仅要关注所有候选人，还要引导他们推荐其他候选人。

（3）候选人拒绝了 Offer，但愿意推荐自己的朋友。我对我的团队成员说过这样一句话："约面试的时候，越是对你爱答不理、对公司和职位兴趣不大的人，招聘成功的概率越高。"很多时候，与盯着永远都在看机会的人相比，盯着对你不理不睬的人更有可能给你带来惊喜，有时后者的成功概率甚至是前者的两倍到五倍。

碰到第一种和第三种情况时，我们一定要更深入地挖掘，因为除了候选人本身具备一定的能力，他们身边的人可能也很优秀甚至更加优秀。

（4）候选人通过面试，在入职前后推荐自己的朋友。这是做内推的最佳时机。

如何进行内推传播

内推传播有很多种手段，无论采用什么手段，最重要的都是让拥有强大连接网的员工知道公司正在鼓励内推并让他们愿意推荐候选人。

在开展内推工作的过程中，需要注意下列两个要点。

（1）宣传渠道的有效性。要想提高宣传渠道的有效性，就要用好相关的渠道并遵守一定的原则。

① 物理空间渠道，主要包括桌面贴、计算机文化贴、海报、易拉宝、各种小摆件、挂件等公司周边。例如，有的公司把公司 Logo 印在衣服上，员工穿上这些衣服就成了移动的广告牌。

② 网络空间渠道，主要包括微信公众号、朋友圈，公司及部门群组、

邮件，内推网站等。目前市面上出现了一些很好用的内推工具，例如，有些工具可以跟踪朋友圈转发的招聘链接，记录哪些人打开了链接、打开了多少次。我们可以利用这些工具对转发数据进行分析，了解哪些人对内推职位感兴趣，然后有针对性地进行鼓励和促进。

③ 专属内推码。一些公司会给每一位员工生成专属的内推码或者二维码，鼓励员工做内推。

④ 主动内推和引导内推。主动内推固然重要，但做好引导性内推才能展示招聘经理的真本事。

⑤ 内推的二八法则。80% 的候选人是由 20% 的具有高质量社交网络或良好内推习惯的员工推荐的，招聘经理要将这些高产出的内推达人组织起来，成立并持续运营内推招聘同盟会。

我们可以对不同的内推渠道进行四象限分析，其中，纵轴是操作难易度，横轴是渠道效果，如图 4-3 所示。

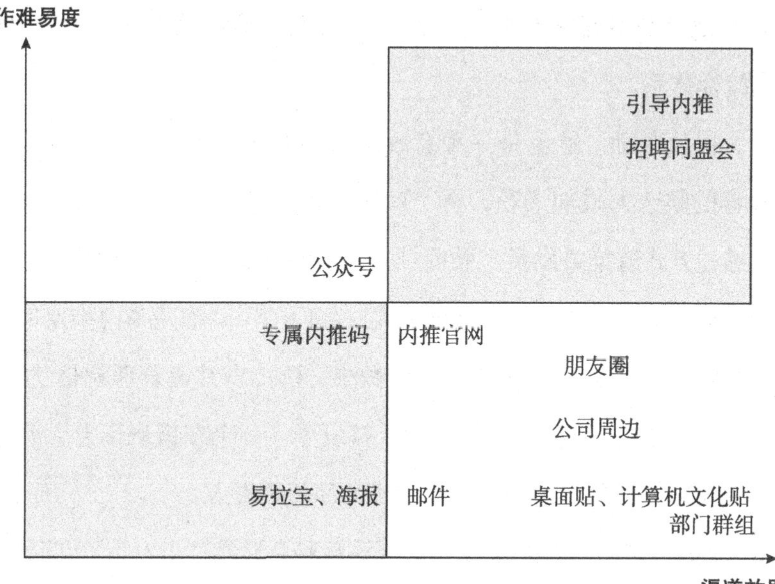

图 4-3　对内推渠道的四象限分析

（2）宣传内容的创新性。宣传内容最好贴合节日、节气、网络热点和时事等。例如，电视剧《都挺好》热播的时候，融入了苏大强的漫画形象的招聘海报在微信朋友圈里一度被刷屏。

内推激励方式

内推激励方式主要包括物质激励、荣誉激励、积分激励和KPI设置等。

（1）物质激励。很多公司都会针对不同的内推结果，对内推人进行不同程度的物质激励，这主要取决于公司的财力和对内推的重视程度。部分互联网公司将一些核心职位的内推奖金设置为5万元左右，将普通职位的内推奖金设置为1万元左右。这种力度的物质激励将极大地激发员工的内推积极性。

（2）荣誉激励。不少公司会定期评选“最佳伯乐奖”等荣誉奖项，对内推人进行精神激励。为了更好地开展内推工作，除了要让各部门负责人更多地参与招聘工作，还要通过荣誉激励他们。例如，为了鼓励各部门负责人积极地参与甚至主导内推工作，可以把内推结果纳入“优秀管理者”评选的指标体系。

（3）积分激励。这也是一种有效的激励方式。在一定的周期内，只要员工推荐的候选人成功入职，员工就能获得一定的积分，并能用积分兑换礼品。这种方式既能鼓励员工做内推，又能给员工带来一定的乐趣。

（4）KPI设置。某些公司会把新成立部门的团队搭建与内推比例纳入部门负责人的KPI中，我非常认同这种做法。柳传志常说管理就是“搭班子、定战略、带队伍”，排在第一位的就是搭班子。一个在搭班子上无所作为甚至逃避责任的部门负责人不是一个合格的部门负责人。

最后提醒一点，开展内推工作时要注意避免形成“小山头”。例如，京东推行“一拖二原则”，即部门负责人最多只能推荐两位前同事进入本部门。

4.5 猎头合作

在招聘过程中，猎头所处的位置和对猎头的要求主要取决于公司的预算、招聘经理的业务能力以及公司所处的发展阶段等。在一家比较成熟的企业中，对外部人才的获取应该由对本行业和公司业务有深入理解的招聘经理引导猎头完成，招聘经理应该持续关注猎头推荐的人才的质量、留存情况和绩效表现等。

一般来说，招聘一定级别以下的人员时不建议使用猎头。有的公司用职级确定这个级别，有的公司则用薪水确定。招聘一些高端职位时，要尽量使用猎头，以便对比不同的候选人，择优录取。招聘普通职位时，应该尽量提高内推比例，减少对猎头的使用。

对猎头进行考核非常重要，尽可能做半年到一年的持续跟踪，优胜劣汰。招聘经理可以利用一个小诀窍对猎头推荐的人才进行初步筛选，这个诀窍就是在猎头推荐成功后做二次渠道分析。例如，候选人入职后，招聘经理可以询问候选人结识猎头的方式以及获取猎头信息的渠道，如果大部分候选人是从猎聘网、BOSS 直聘和拉勾网等渠道获取相关信息的，那么招聘经理就要好好地反思一下自身存在哪些问题了。如果大部分候选人是猎头通过长期积累与跟踪结识的，则说明猎头的持续跟进能力较强、专业度较高。

猎头可能扮演的几种角色

对招聘工作来说，猎头是极其重要的资源之一。在不同的公司中，在不同的情况下，猎头可能扮演不同的角色。下面介绍几种常见的角色。

（1）巡山探路者。这恐怕是猎头最讨厌的角色。当某块业务或整个公司不够成熟时，猎头很可能被迫扮演这一角色，招聘经理与猎头之间存在信息不对称，导致猎头无法精准掌握企业的需求，其推荐的候选人与岗位需求的匹配度较低。

从公司的角度来看，让猎头扮演巡山探路者的好处在于可以获取大量的行业信息，借此明确公司的战略方向；弊端在于猎头及其推荐的候选人很快就会发现职位描述信息与实际情况不符，这会造成公司、猎头、候选人之间的信任度降低。

（2）狙击手。高端职业化猎头能够帮助公司针对具体目标进行精准招聘，就像一名狙击手。这类猎头普遍具有以下特质：

- 具备社交招聘的思维和能力，能够通过强、弱连接推动连接网增值、扩张；
- 善于思考，善于总结规律，能够针对不同客户、不同阶段、不同职位、不同候选人做出合理的判断；
- 善于规划和复盘自身的一度连接网和二度连接网。

招聘经理在与这类猎头对接之前，先要想清楚公司究竟需要什么样的人才，狙击手不可能持续去做巡山探路者的工作。

（3）快速扩张期的催化剂。急速扩张必须慎之又慎！10家急速扩张的公司最后恐怕会倒掉8家，正应验了“眼看他起高楼，眼看他宴宾客，眼看他楼塌了”这句话。许多公司陷入衰败并不是因为跑得慢，而是因为跑得太快。

很不幸，我就经历过这样一家公司。该公司在C轮融资中融到了一大笔钱，然后马上进行了声势浩大的扩张，很多时候没有想清楚要怎么做就已经着手去做了。最后的结果是，该公司人员数量快速增加至1 000人以上，运营成本迅速增长，已经无法支撑到下一轮融资。最后，该公司只能进行业务收缩、裁员，导致大量的人才流失。

猎头在公司的快速扩张期也能发挥很大的作用，但到底是正面作用还是负面作用则取决于公司能否合理地控制扩张速度和节奏。盲目地认为“外来的和尚会念经”往往会造成一系列严重的问题。

（4）招聘停滞期的风向标。当公司与现有猎头的合作遇到瓶颈，并且内部招聘团队也拿不出方案来满足公司的人才需求时，猎头很可能需要扮演这一角色。这时，猎头需要再次梳理外部人才市场，明确符合招聘需求的外部人才；招聘经理要向猎头描述当前的困难与曾经的失败案例，共同发现问题，找到突破方向。

（5）枢纽节点。猎头也可以成为招聘经理的枢纽节点，因为他们有很多强、弱连接，还有强大的人才库。这些枢纽节点是每一位招聘经理都要珍惜的宝贵财富，长期与各个行业的猎头持续保持良好的关系是非常有价值的。

这些枢纽节点和招聘经理不同，他们花了大量的时间，专注于某一家公司、某一个领域或者某一个职业，对特定的行业、公司或职业非常了解。只要与他们保持良好的关系，就能不费吹灰之力地了解一个新领域。

招聘经理如何与猎头合作共赢

要想做到与猎头合作共赢，招聘经理应该做好以下事项。

（1）在合适的时间点、合适的职位上与猎头合作。招聘经理应该将公开渠道的所有相关简历看一遍之后再寻求猎头的帮助，这些公开渠道包括各大招聘网站、公司内部简历库、公司内部员工推荐以及脉脉和领英等社交平台。

在合作初期，招聘经理必须向猎头提出明确的要求，包括哪些职位是需要猎头大力推荐的，哪些职位不是重点，哪些职位是不能碰的。例如，某知名互联网公司为了鼓励猎头多推荐高级别人才，将低于一定级别或者一定薪资水平的候选人的猎头费统一设置为 2 万元，甚至不给猎头费，目的是引导猎头公司多推荐高质量、高级别的候选人。

（2）明确需要告诉猎头哪些信息。试想，对某公司情况不了解的猎头怎么可能说服候选人加入这家公司？招聘经理必须对猎头进行一定的培训，特别是新签的猎头。培训的主要内容包括公司概况、发展历程、企业文化、用人标准以及各种流程规范等。招聘经理还要提供招聘职位的目标候选人画像，甚至直接告知猎头目标候选人的姓名。

注意，猎头所做的应该是招聘经理在短时间内做不到的事情，不应该让猎头长期承担招聘经理的本职工作。

（3）用好猎头的二度连接网。猎头也可以成为招聘经理的枢纽节点，把他们的二度连接网最大化地利用起来是实现合作共赢最有效的方式之一。

第五章

人才地图

企业在发展的过程中，一方面要关注自身的发展状况，另一方面要关注行业的发展状况，包括同赛道友商的组织架构和人才布局等。企业经营者往往会对HR部门或者战略发展部门提出盘点外部人才市场和友商组织架构等要求。解决上述问题最有效的方法就是人才地图（Talent Mapping，下文简称为Mapping）。

5.1 Mapping 的用途和三大要素

做 Mapping 就是针对行业内的竞争对手、目标职位或者中长期人才库，系统梳理与盘点外部人才市场以及其他企业的组织架构、发展趋势、核心人才和关系网，从而提出对自身企业发展战略和人才建设的可行性意见，帮助企业做到谋定而后动。

如今，做 Mapping 已经成为招聘经理的必备能力，做 Mapping 能力的强弱也成了区分外部人才市场专家和普通招聘经理的核心指标之一。

做 Mapping 需要使用前面讲过的几乎所有理论和方法，包括三个圈子理论、三角共赢理论、“4 个 2”招聘法、二度连接招聘法、逆向招聘法、KOL 招聘法和招聘同盟会等。

Mapping 的用途

Mapping 的主要用途如下。

（1）开展扩张型招聘。公司在短期内有大量招聘需求，当某一家或某几家公司存在与招聘需求匹配的、有意愿跳槽的多位候选人时，一般会开展扩张型招聘。此时，Mapping 可以发挥较大的作用。

（2）开展中高端职位招聘，即对目标公司的核心人才进行挖猎。

（3）了解和分析竞争对手的组织状态、人才战略、激励政策、薪资构成、人才动向以及与本公司核心岗位对位的人员。

（4）发现并积累特定级别、特定领域的人才，以满足公司的发展需求，真正做到“帮助业务想业务”。

（5）建立长期人才池，即建立公司的长期核心人才库（详细介绍请参阅 5.5 节），并对其中的人才进行长期跟踪、吸引。做 Mapping 是一件长期、日常性的工作。对于目标公司和目标职位，要持续地收集相关信息。

从广义来看，Mapping 的用途还包括对公司内部组织进行梳理，盘点公司内部核心人才、高潜人才及存在问题的岗位等。

Mapping 的三大要素

Mapping 的三大要素是组织、人才和关系。

（1）组织。这里所说的组织是广义的组织，内容包括竞争对手的组织架构、CEO、副总裁、总监及核心人才（包括姓名、电话、背景和优劣势等），核心业务部门的职责和定位，目标人才聚集的部门，以及战略、组织、人才三者之间的关系和未来发展趋势等。

（2）人才。人才包括核心人才、高潜人才和低绩效员工。核心人才是指能够推动公司产品持续迭代的骨干、在公司内部绩效排名中处于前 20% 的员工、优秀的管理者以及能为公司核心项目带来利益的关键人才。高潜人才是指成长性非常好的第二梯队的人才，一般是绩效优良且能够在一个或多个领域保持专注力的青年才俊。低绩效员工是指在公司内部绩效排名中处于末尾 10%~20% 的员工。

（3）关系。关系是指人与人之间的关联，包括权限的冲突、关系的紧密程度和利益的一致性等。关系包括组织和个人之间的显性和隐性关系，例如，A 是 B 的老下属，C 和 D 有部门之间的利益冲突，E 和 F 的发展理念不一致等。

5.2 Mapping 的分类

按照不同的用途，Mapping 可以分为四大类，分别是：

- ❖ 纵向公司 Mapping；
- ❖ 横向职位 Mapping；
- ❖ 战略人才 Mapping；
- ❖ 组织发展 Mapping。

纵向公司 Mapping

纵向公司 Mapping 是指深入挖掘、分析目标公司的战略布局、业务发展状况、创新方向、优势项目、核心人才和高潜人才等，结合本公司发展现状，提出战略性的发展建议，开展对位人才对比，发现内部的组织问题，聚焦于核心、高潜人才并精准挖猎。

做这类 Mapping 大约持续 2 周到 1 个月，有一些优秀的猎头公司会承接这样的项目。在做纵向公司 Mapping 时，一般设置 2~3 名信息搜集员，需要搜集的信息包括公司的改组邮件、核心产品的战略方向、离职员工访谈记录和 KOL（包括行政、财务、人力、高管秘书等信息接触面较广的人员）访谈报告等。

横向职位 Mapping

横向职位 Mapping 是指针对需要招聘的核心职位进行全行业横向挖掘，对行业中多家公司的特定职位进行定向狙击。开展中高端职位招聘时常常需要做横向职位 Mapping。例如，一家电商公司想找一位产品总监，这时可以先列出目标公司，再对目标公司的产品负责人进行梳理，逐个沟通，这便是横向职位 Mapping。

战略人才 Mapping

战略人才 Mapping 是指摸清楚目标公司核心职位上的核心人才的变化，更新半年乃至一年以上未跟进的目标公司的组织及人才发展情况，以便对比双方的对位人才，找到自身组织及人才的不足之处。

招聘团队要建立公司的长期核心人才库，并长期跟踪、吸引 Mapping 结果中的人才。做 Mapping 是一件长期和日常性的工作，必须长期、持续地开展。

需要注意的是，必须真正了解目标公司调整人才发展战略的真正意图，不能盲目跟随。

目前，一些人才需求旺盛的公司经常做 Mapping 和对位人才分析，还有一些公司专门制作了 Mapping 白皮书，将其作为职场新人的教科书。

组织发展 Mapping

处于不同发展阶段的公司，其组织设置也不相同。很多新兴公司会在不同的阶段对成熟公司做组织发展 Mapping，从而判断自身在不同阶段的组织设置的合理性。

> **【案例】**阿里巴巴的组织设置调整
>
> 许多公司都在强调所谓的“中台思维”。什么阶段启动中台策略最合适？为什么要进行这样的组织调整？阿里巴巴的做法值得学习和借鉴。
>
> 阿里巴巴在 2015 年 12 月以“大中台，小前台”的模式进行组织升级，其主要目的是打破原来的树状组织架构，让小前台距离一线更近，便于快速决策、敏捷行动；支持类的业务则移至中台，扮演平台支撑者的角色。

> ❖ 中台的目标：降低沟通成本，提升协作效率。
>
> ❖ 中台的实现手段：制定标准和规范。
>
> ❖ 原则：集中管控，分布式执行。

5.3 用 Xmind 和 Excel 做 Mapping 的方法和步骤

本节将详细介绍用 Xmind 和 Excel 做 Mapping 的规范、内容、步骤以及 Mapping 的价值。

Mapping 的规范

Mapping 的主要规范如下。

（1）画出架构图（使用 Xmind 等思维导图工具），展示目标公司的核心业务部门和核心人员。

（2）设置特殊标识。在 Xmind 中设置特殊标识，如图 5-1 所示。

（3）插入电话号码、领英链接、脉脉用户名称和招聘网站简历等信息。

（4）标出需要重点沟通的三类人员：

- ❖ 离职的中高层管理者；
- ❖ 目标公司对标部门负责人的下属；
- ❖ 离职或最近在看机会的 HR（组织发展、人才发展、薪酬和员工关系等方面的人员尤为重要）、行政前台、IT、财务人员和高管秘书等了解公司全貌的职能部门的人员。

（5）每周与不少于两位候选人进行面谈，并将持续积累的有效信息呈现在 Mapping 结果中。

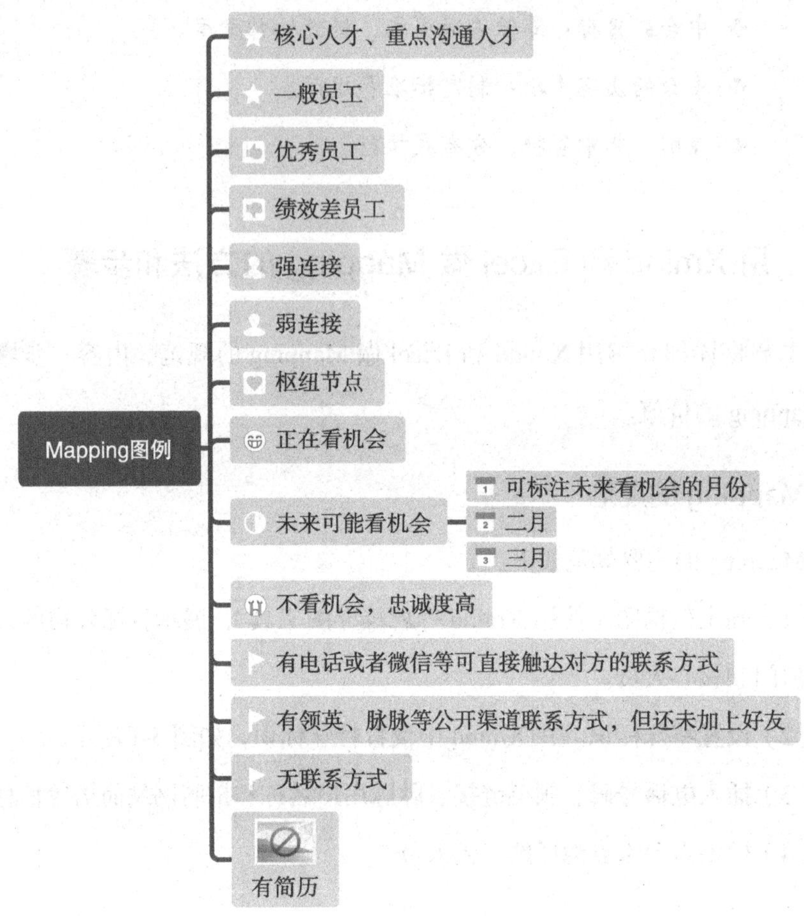

图 5-1　Mapping 图例

Mapping 的内容

Mapping 的主要内容如下。

（1）目标公司的组织架构，CEO、副总裁、总监等中高层管理者的姓名、电话和相关背景，薪酬结构、标准以及核心人才的优劣势。

（2）目标公司核心业务部门的职责与定位。

（3）目标公司中对业务产生决定性影响的人员、核心人才和高潜人才。

（4）目标公司具有特色的工作流程及规范、专业术语（黑话）等。

（5）目标公司及其事业部的发展战略。

（6）目标公司关键人物之间的显性、隐性关系。显性关系包括业务配合方式、已知的矛盾冲突等。隐性关系包括裙带关系、内部派系等。

（7）对业务部门的建议、意见，以及 Mapping 可能带来的价值。

做 Mapping 的步骤

做 Mapping 的主要步骤如下。

（1）确定做 Mapping 的意义和目的。这是在确定目标公司之前就要想清楚的事情，不能为了做而做，先要想清楚需要达到什么目的，实现什么价值。

（2）明确目标和要呈现的结果，具体包括目标行业、目标公司、目标部门以及目标候选人的级别、职能、薪资结构、汇报关系、绩效情况、发展路径等。

例如，针对某跨国公司做核心人才 Mapping 时，需要和业务部门共同确定目标：针对这家公司的什么业务线？针对哪个级别？做产品、做技术、做项目还是做解决方案？只有确定了目标和要呈现的结果，Mapping 才有价值。另外，Mapping 具有时效性。一些发展速度较快的公司在 3 个月到半年内就会发生翻天覆地的变化。

（3）开源信息流。寻找尽可能多的强连接，或者在短时间内将弱连接转化为强连接。下面列出了做 Mapping 时可能有用的信息流：

- ❖ 猎聘网、智联招聘、前程无忧、BOSS 直聘和拉勾网等招聘平台上正在找工作的候选人；
- ❖ 目标公司清单；
- ❖ 目标公司的通信工具（如钉钉、企业 QQ 和纷享销客等）；
- ❖ 在职员工介绍；

- ❖ 离职员工介绍；
- ❖ 微信好友、在社交场合有过交集的目标公司的朋友；
- ❖ 有脉脉或领英上加过好友之后就再也没联系的人；
- ❖ 曾经面试过的候选人；
- ❖ 朋友或同事在目标公司任职的朋友、同学等；
- ❖ 与目标公司合作的猎头（在猎聘网搜索做目标公司职位做得深入的猎头）；
- ❖ 在目标公司所属行业中工作超过 3 年的猎头；
- ❖ 招聘同盟会（枢纽节点群）；
- ❖ 本公司目标领域管理者（如副总裁、产品总监、技术总监、运营总监和销售总监等）；
- ❖ 离职或最近在看机会的 HR（组织发展、人才发展、薪酬和员工关系等方面的人员尤为重要）、行政前台、IT、财务人员和高管秘书等了解公司全貌的职能部门的人员。

在做 Mapping 的过程中，搜集信息的核心方法是逆向招聘法。

离目标公司、目标群体近的人要先接触。在个人连接网中依次梳理招聘同盟会、枢纽节点、强连接、弱连接和人才库，探索个人连接网中是否存在了解目标公司、目标行业的人。

（4）信息流散点拼图。将信息流按组分类，确定目标公司和目标部门，尽可能多地发掘候选人，与他们在最短的时间内建立弱连接，再升华一部分强连接，找到枢纽节点，迅速掌握目标部门的信息，例如，目标部门有哪些人，哪些人看机会，哪些人不会动，哪些人是去年的优秀员工，哪些人是公司想要淘汰的人。

若通过正常渠道难以获取人员名单，则可以尝试间接获取。大部分公司都会使用内部沟通工具，如钉钉、纷享销客等，我们可以通过这些工具检索到目标候选人的职级、汇报关系以及目标部门的人员组成等信息。

画信息流散点拼图（见图 5-2）的具体步骤如下：先画目标公司的组织架构图，涵盖 CEO 的下一级或者下两级；梳理组织架构图中的目标部门的信息流；若信息流不够，则重复梳理信息流，通过枢纽节点实现突破；查明目标公司采用这种组织架构的原因，分析目标部门的战略目标，标注“关键”“核心”“高潜”等人才分类；标注候选人的背景、经历和优劣势；标明收入目标、核心 KPI 和现阶段工作状态等备注信息。

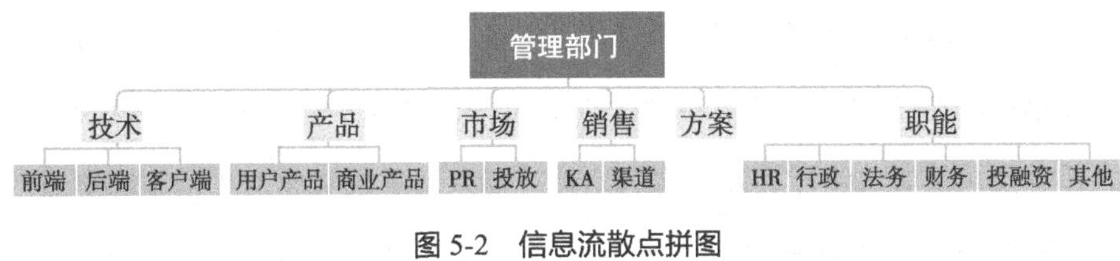

图 5-2 信息流散点拼图

（5）与重点人员沟通。与 Mapping 规范中的三类重点人员进行充分沟通，通过他们的相互评价迅速确定目标候选人。即便是一家非常优秀的公司，也会有绩效较差的员工，做这件事的目的是找出目标公司中最能干的千里马、最有潜力的未来之星。

（6）多向交叉验证。针对 Mapping 初稿，有针对性地通过不同部门的人员进行交叉验证，得出验证后的结果。

（7）打标签。以核心人才、高潜人才、人才之间的隐性关系、看机会的人才等为依据打标签，运用之前介绍的标记方式一一标注，以便后续查阅。

（8）输出 Mapping 结果。经过反复交叉验证和多重信息流整合之后，输出 Mapping 结果，一般用 Excel 和 Xmind（也可以用 PPT 或者 Visio）组合展示，注意标注显性和隐性关系。

（9）分析 Mapping 结果对业务的价值。通过分析竞争对手人才情况的变化，能够很好地感知竞争对手的业务发展战略及方向。做好这一步非常困难，它对招聘经理观察问题的角度、人才判断的精准度、业务发展趋势的分析能力提出了极高的要求。

Mapping 的价值

Mapping 对招聘、组织发展和战略制定等都有帮助，但是，我们不能为了做 Mapping 而做 Mapping。我们要运用这一工具猎取人才、长期跟踪行业内的优秀人才，或者开展组织分析、战略分析。

做 Mapping 要注意定期更新，因为每家公司的组织架构及核心、高潜人才都是动态变化的，每半年到一年更新一次是非常有必要的。长期跟踪的目标公司最好每半年更新一次，这样才能及时掌握竞争对手的人才引进、流出情况以及人才发展状况。一位优秀的招聘经理至少支持一个业务部门 1~2 年，才能对某一个领域或某一位竞争对手建立全面的认识。

招聘经理应该注意将日常工作中的点滴积累与 Mapping 结合起来，培养严密细致的工作习惯，持续发展个人连接网中的强、弱连接，成为一位优秀的社交招聘专家。

做 Mapping 时面临的一些挑战

做 Mapping 时面临的主要挑战如下。

- 日常积累、布局和规划。无法呈现 Mapping 结果的主要原因是人才库积累以及强、弱连接布局不到位，二度连接网覆盖面不够广。
- 增强对 KOL 的敏感度，即能够迅速判断哪些人拥有哪些信息，哪些人能够提供有价值的信息。

❖ 在短时间内建立弱连接并获取他人的信任，以及对逆向思维的极致运用。

❖ 招聘同盟会的日常运营。

❖ 沉下心，花大量时间进行散点整理。

5.4 Mapping 实战案例

我知道 Mapping 是在 2012 年。当时的上级经理 Summer 率领团队针对行业前五名公司做 Mapping，这是我第一次接触这种方法。正是从那时起，Summer 成了对我影响最深的导师，也是我最感激的领路人。那时我正在为公司的投资部招人，便对各家友商投资部的人才做了 Mapping，对其组织架构、核心岗位和高潜人才做了逐一盘点，并与团队成员分享。

后来，我做 Mapping 时大多针对业务。例如，做视频业务的时候，我做过视频行业 Mapping；负责百度贴吧的时候，我做过国内社交类 App 产品总监 Mapping；在 O2O 租车兴起的时候，我做过对标 O2O 公司和生活服务类、旅游类公司 Mapping。

下面分享三个经典的 Mapping 案例，分别是关于高管、纵向竞争对手和扩张型招聘的。

副总裁级别以上的高管 Mapping 案例

如何在两个月内通过 Mapping 帮助公司找到一位合适的技术副总裁？下面是具体的操作步骤。

第一步：确定目标候选人和岗位画像。目标候选人为一线互联网公司副总裁或高级总监级别以上、拥有管理 200 位以上技术人员的经验、年龄为 35~45 岁、知名高校毕业、技术能力突出、管理技巧丰富且稳定性较高（近 5 年跳槽少于 2 次）的人员，薪酬范围为 200 万元 ~400 万元加股票。

第二步：在收到需求后的2个小时内，列出需要做Mapping的目标公司。例如，公司a、b、c、d、e分别有5~10位目标候选人，公司f、g、h、i、j、k、l、m、n分别有1~2位目标候选人，这14家公司都需要做Mapping。

第三步：在2天内彻底梳理自己的人才库、强连接、弱连接和枢纽节点，看看是否存在目标候选人。梳理情况如下。

（1）公司目前有来自公司a、b、c、h、j、k、l、n的从事技术工作的同事，通过他们获得了这8家公司的技术团队负责人的姓名，并获取了其中一部分人的联系电话。

（2）HR部门目前有来自公司b、e、j的招聘经理，通过他们确定了目标公司的候选人。

（3）通过脉脉和领英找到了部分目标候选人。其中，公司a有1位、公司b有3位、公司d 2位，公司e、g、k、l各有1位，其联系电话与之前已经获取的联系电话部分重合。

（4）通过猎聘网找到一位有简历并曾任职于公司b和公司h的技术副总裁，以及数量不小的目标公司的技术总监和技术经理（后备人选）。

（5）枢纽节点中有人曾经招聘过这个职位，并推荐了公司a、c、e、f、j、k、l的技术总监和技术副总裁，而且提供了联系方式。

（6）从本公司的技术总监那里得到了他认为比较好的目标公司候选人名单，但不确定有没有联系方式。

（7）联络熟悉以上目标公司的猎头，筛选出比较擅长这类职位的猎头x、y、z。

第四步：在两天内梳理完以上信息，并进行如下操作。

针对各家目标公司分别建立表格，内容如下：

公司 a：××、×××；

公司 b：××；

公司 c：××；

公司 d：××；

公司 e：×××；

公司 f：××；

……

从第三天到第一周结束，完成了与所有目标候选人的电话联系。联系结果为：有 5 位看机会，有 7 位比较犹豫，有 12 位拒绝看机会。通过与看机会的 5 位目标候选人交流，了解其所在公司的技术高管情况。

与此同时，在第一天就添加了脉脉或领英好友的目标候选人当中，有人回复了信息，与这些目标候选人进一步交流，准备约见。

第二周启用猎聘网，添加一些核心的技术总监、经理和专家，通过交流了解几家公司的高管信息。

对于无计可施的目标候选人，寻求猎头公司帮助，告知猎头目标公司及候选人，由猎头进行第二轮探寻。

从第二周起，目标候选人已经摸得七七八八了。在此过程中，新添加了公司 o、p、q 的技术高管，针对这些目标候选人重复第三天到第二周的操作。

在前来面试的几位目标候选人中，公司 c 有 1 位、公司 e 有 2 位可以作为备选，启动 Offer 谈判。如果对方拒绝 Offer，则请对方推荐其他合适的候选人。

做好这种 Mapping 的关键在于通过低职级员工获取高职级员工的信息，最大化地利用人才库和能够触达目标公司的弱连接。

纵向竞争对手 Mapping 案例

针对竞争对手的组织架构与核心人才做 Mapping 的具体步骤如下。

第一步：花两天时间搜索脉脉、领英和猎聘网上目标公司中的所有候选人，让两名实习生在一个思维导图中添加信息；通过自己的枢纽节点进行搜索和求助，利用枢纽节点的连接网了解目标公司的组织架构，也可以直接询问枢纽节点是否针对目标公司做过 Mapping。

第二步：安排实习生通过各家公司的官网及其高管参加过的沙龙、论坛，搜集关于目标公司组织架构和核心人才的信息。

第三步：由一位经验丰富的招聘经理对离开目标公司、加入本公司的四位员工进行访谈，了解到目标公司共分为 A、B、C 三个部门，并画出了组织架构草图，列出了核心人才名单。

第四步：与本公司市场部、销售团队以及能够触达目标公司且与自己有强、弱连接关系的人员沟通，验证 A、B 两个部门的核心人才名单。

第五步：通过猎聘网、BOSS 直聘和脉脉等渠道发现，目标公司正在找工作的人有 14 个，包括 2 个 HR、1 个财务人员、1 个行政人员、3 个 A 部门员工、4 个 B 部门员工和 3 个 C 部门员工。发出对这些人有吸引力的职位，由资深招聘经理约见他们，通过面试了解目标公司的组织架构和核心人才情况。

将之前获得的所有信息汇总起来，画出目标公司的组织架构图，列出管理人才和核心人才，如图 5-3 所示。

第六步：与关键人员进一步沟通。选择几位已经得到联系方式（例如，在脉脉或领英上已经添加了好友）的关键人员，与其深入沟通，交叉验证已获得信息的准确性。

第七步：给组织、人才和关系打标签（见图 5-4）。

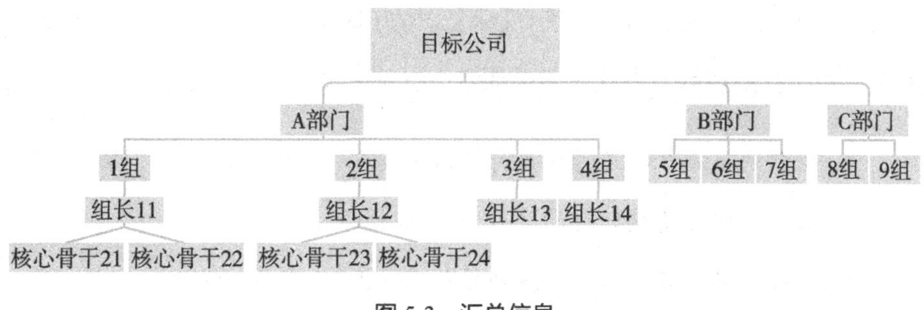

图 5-3 汇总信息

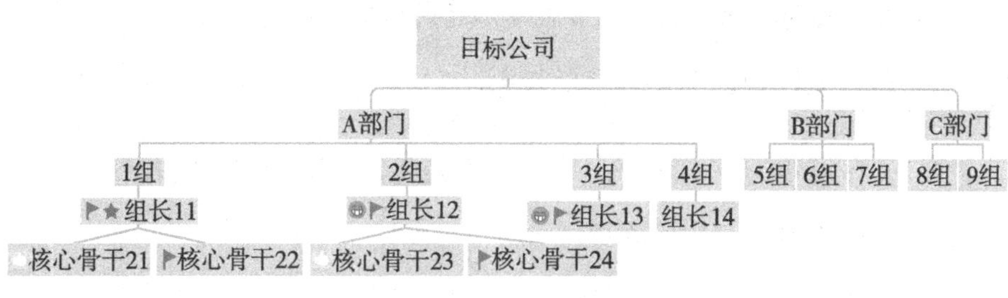

图 5-4 给组织、人才和关系打标签

第八步：输出 Mapping 结果，思考产出价值，确定下一步的人才招聘和挖猎动作。

扩张型招聘 Mapping 案例

扩张型招聘 Mapping 在大量招聘某一种技术栈的技术类岗位或者销售类岗位时应用较多。这里以批量招聘 PHP 开发工程师为例。

假设公司 A 因为某项目急需上线，需要在未来一个月内招聘 10 名 PHP 开发工程师，招聘团队应该按照下列步骤做扩张型招聘 Mapping。

第一步：确认采用 PHP 技术栈的公司都有哪些。借助行业专家、逆向搜索（搜索哪些公司的 PHP 开发工程师在找工作）列出目标公司清单（一般列出人才存量排名前 10 的公司即可）；同时启动内推，了解当前团队中的哪些人曾在目标公司就职，请他们帮忙提供前同事名单。

第二步：盘点现有的强连接、弱连接、人才库和枢纽节点，盘点可以触达目标公司的一度连接，了解目标公司的PHP开发工程师人数、管理者名单、团队稳定性等。在这一步需要盘点以下人员：

- ❖ 猎聘网上正在找工作的目标公司候选人（通过逆向搜索）；
- ❖ 人才库中之前接触过的PHP开发工程师；
- ❖ 脉脉上与自己建立了一度连接关系的PHP开发工程师；
- ❖ 领英上与自己建立了一度连接关系的PHP开发工程师；
- ❖ 目标公司技术总监（搜索其参加过的活动，确定姓名）；
- ❖ 微信上的PHP开发工程师好友。

第三步：汇集所有信息流，盘点二度连接，看看谁有可能找到目标人才。在这一步需要盘点以下人员：

- ❖ 猎聘网上目标公司正在找工作的产品经理、行政人员和HR等人员；
- ❖ 猎聘网上曾经做过PHP开发工程师招聘的猎头及招聘经理；
- ❖ 脉脉、领英上目标公司的其他人员；
- ❖ 曾经在目标公司工作过的任何人；
- ❖ 目标公司其他部门总监级以上人员（搜索其参加过的活动，确定姓名）；
- ❖ 其他枢纽节点个人连接网中可能存在的候选人。

第四步：通过前来面试的候选人（包括入职的和未入职的）将其身边合适的候选人摸清楚。

第五步：通过目标公司的2~3个候选人，整理出同级别的所有候选人。如果恰好遇到即将入职的候选人，那么最好在其入职前与其建立强连接或弱连接，鼓励对方做内推，用一个优秀人才撬动一个优秀组织。

第六步：列出目标公司的所有骨干 PHP 开发工程师的姓名及个人信息。

5.5 长期人才池

2014 年，软件行业的某世界 500 强企业率先提出了“建立一个 5 000 人行业人才库”，这是一项需要持续投入的人才发展计划。此计划面向软件行业排名前 10 位的公司，以点对点的方式持续吸引目标公司高端人才，促使这些人才了解该公司、与该公司建立联系，最终实现对这些人才的吸纳。这个说法中的“5 000 人”只是一个虚数。

所谓建设长期人才池，就是各家公司根据自身不同的发展阶段与业务线设立行业人才库，掌握友商和类似属性公司中核心人才的信息，建立公司长期核心人才库的过程。

例如，电商公司需要针对以下几个领域和方向建立行业高端人才库：

- ❖ 技术——底层算法（如搜索、推荐等）、架构；
- ❖ 产品——C 端产品、B 端产品、用户界面 / 体验设计师（UI/UE）；
- ❖ 运营——增长运营、用户运营、商家运营；
- ❖ 市场——流量投放、品牌、公关；
- ❖ 人力——招聘、组织发展、人力资源业务合作伙伴。

各个人才库汇集了行业内排名靠前的公司的高端人才。公司要积极搭建 CEO 或其他高管与这些高端人才的交流渠道，与他们建立连接。当公司碰到问题或面临抉择时，可以请这些高端人才提供建议和指导。

久而久之，很多高端人才将由兼职人员转变为全职员工，由顾问转变为高管，这样的案例不胜枚举。

第六章

招聘经理的个人成长

前面讲了很多理论和方法，了解并运用这些理论和方法有助于招聘经理的个人成长。但是，在个人成长的道路上，除了理论和方法，还有很多软技能是需要每一位招聘经理掌握的。本章将详细介绍这些在招聘经理个人成长道路上发挥巨大作用的软技能。

6.1 赢在第一印象

> 这是一个两分钟的世界，你只有一分钟向人们展示你是谁，还有另外一分钟让他们喜欢你。
>
> ——罗伯特·庞德

当你第一次遇见某人时，在短短的几十秒或者几分钟里快速与其建立信任关系，增强互相的友好度至关重要。只要跨过了这道防线，你就可以建立更多的强、弱连接，让更多的人成为你的枢纽节点。

心理学中的首因效应是指交往双方彼此的第一印象对今后关系的影响，也就是先入为主所产生的效果。在成长为一位优秀的招聘经理的过程中，技巧和知识所发挥的作用只占 15%，人与人之间的连接、信任和尊重所发挥的作用则占 85%，而第一印象在很多时候发挥着决定性的作用。

塑造你的形象，形象带来价值

你的形象就是你的价值。在招聘工作中，穿衣大方得体、外形干净整洁也能提高你的竞争力。你的形象会给第一次碰面的候选人留下深刻的印象，这是一种非语言信息。你的形象和仪表在很大程度上受到成长环境的影响，包括你的家庭、你身边的朋友以及你崇拜的偶像等。

加拿大商务形象设计和人格心理咨询师英格丽·张在《你的形象价值百万》中写道："企业领导人的形象就是品牌。你想要成功，首先得看起来像个成功者。"

为了让正面信息得到有效传递，是时候认真审视你的形象了。招聘经理应该认真地思考下列几个问题。

（1）在他人眼里，自己最职业的表现是什么？

形象与技能的职业化程度共同塑造了个人的职业印象。如果你的形象很职业，那么你也会觉得自己很职业；如果你对公司、业务和职位非常了解，就会让其他人产生"这个人非常职业"的印象。

（2）自己的仪容是否得体？

面容洁净、发型利落、香水浓淡适宜是最基本的要求。注意，特殊体味和烟味会破坏你的形象。

（3）自己的鞋子是否传递了正确的信息？

美国堪萨斯大学的心理学专家认为，鞋子的样式和颜色等能反映穿着者的身份和个性特点。鞋子反映了很多细节，污损、偏离大众审美或者与服装搭配不协调等都会影响他人对你的判断。

（4）自己的着装是否给了别人挑剔自己的机会？

着装应与自身所处环境、社会角色、时节相匹配。着装真实地反映了一个人的精神面貌和生活态度，也反映了一个人对交往对象的重视程度，同时也是公司整体形象的重要组成部分。开展形象管理是提升个人价值的第一步，也是一项可以产生回报的投资行为。

招聘经理要为了向往的工作和角色管理自己的形象，不能一味地保持现状。

战胜陌生感

与候选人初次见面时，招聘经理要想快速降低彼此的陌生感，就要注意以下几点：

- ❖ 仪表、谈吐大方得体，给对方留下良好的第一印象；
- ❖ 判断对方的年龄、工作背景、身份和地位；
- ❖ 根据对方的关注点选择话题，可就地取材。

在大部分情况下，即便是较正式的工作场合，沟通双方也会从闲谈开始。闲谈是招聘经理与候选人建立更深入关系的万金油。

那么，闲谈时应该谈什么呢？下面列出了一些闲谈时的常见话题：

- ❖ 各自的成长背景（相同的背景能更快地拉近双方的距离）；
- ❖ 各自的朋友（拥有共同的好友能让双方的感情迅速升温）；
- ❖ 对某个行业的认知（若认知相同或相似，则更容易达成共识）；
- ❖ 脾气秉性（若相同或有共同点，则彼此的好感会增强）；
- ❖ 共同的兴趣爱好；
- ❖ 天气；
- ❖ 家庭；
- ❖ 饮食习惯；
- ❖ 家乡、某些旅游景点；
- ❖ 朋友圈最近状态、时事热点；
- ❖ 最近在做的一些有意义、有价值的事情。

让谈话顺利进行下去主要有两种方法。一种方法是为话题设置一个方向，即使双方暂时没有共同语言，也可以保证有话可说。其中，最简单的做法就是询问对方对某件事情的看法，例如，对方对某家公司的看法、对行业动态的看法等。另外一种方法是以候选人为话题，例如，询问对方“你是怎样进入这个行业的”“你是怎样得到现在这份工作的”等，让候选人自己打开话匣子。

在交流过程中找到共同语言之后，双方就会产生情感共鸣，这种共鸣可以使双方的戒备心理和紧张感逐渐减弱。

初次给候选人打电话时，招聘经理要想迅速降低彼此的陌生感，就要做好以下几点：

- ❖ 简明扼要地做开场白，说清楚公司名称、个人身份和姓名；
- ❖ 表达来意，说明大致需要占用对方多长时间（一般3~5分钟）；
- ❖ 介绍公司情况（1分钟，介绍时要使用专业词汇，体现公司优势与企业文化，使对方感受到自己对公司的热忱和信心）；
- ❖ 留意对方回应，揣摩对方态度，随时调整表述重点；
- ❖ 讲清楚具体的职位、层级、大致的薪资范围、期望的业绩产出等；
- ❖ 感谢对方，询问是否可以加微信好友，并随时记录关键信息。

主动沟通

候选人不想看机会或者态度不冷不热时，沟通难免陷入被动。要想打破这种局面，就要恰到好处地主动出击，使对方感受到你的诚意。这是一种对“方向盘”的争夺。

社交招聘的沟通三大要素是心态（基本问题）、关心（基本原理）和主动（基本要求）。其中，主动是沟通时最基本的要求。

你可以通过以下问题进行自测，看看自己和候选人沟通时是否主动：

- ❖ 当你认识一位新的候选人或者朋友时，是否会主动地介绍自己的优势、特点，是否希望对方记住你；

- ❖ 你是否主动询问对方“有什么可以帮忙的”；
- ❖ 你是否主动创造与对方见面或者再次沟通的机会；
- ❖ 当候选人向你求助时，你能否在第一时间做出响应。

下面是招聘经理在和新的候选人沟通时可以主动问的几个问题：

- ❖ 我能帮什么忙？
- ❖ 关于这个事情（问题），你有什么建议吗？
- ❖ 我应该认识谁？你有什么建议吗？

打磨 30 秒和 3 分钟的公司及个人介绍

30 秒和 3 分钟的公司及个人介绍很重要。招聘经理在约见候选人之前，必须对这两个版本的介绍烂熟于心。

30 秒的个人及公司介绍要让对方知道你是谁、代表谁，想要干什么，可以提供什么“好处”；3 分钟的个人及公司介绍则要深入介绍公司的闪光点、吸引点，把“好处”进一步说清楚。

对于这两个版本的介绍，招聘经理必须做到脱口而出，而且说的时候要有激情，让候选人听了之后愿意更深入地了解招聘经理及其所属的公司。

那么，如何才能提炼出这两个版本的介绍呢？首先，招聘经理要列出自己或者自己公司的优势；然后，招聘经理要向已经熟悉的候选人提问，了解在他们眼中自己和自己公司的优势是什么。

30 秒的介绍必须在极短的时间内激发他人对你的好奇和渴望，使其愿意进行深入的沟通，这才是 30 秒介绍的真谛。3 分钟的介绍则要确保内容既专业又易懂，需要结合公司过去的或者正在发生的实际案例进行详细描述。

微笑的力量

> 当一个人微笑时，世界便会爱上他。每天睁开双眼，当你看到一窗的阳光，那么请你微笑吧，因为这是生命的所赐。
>
> ——泰戈尔

有一则广告让我记忆犹新。电梯里有两位年轻人，一位吹着口哨，看起来吊儿郎当，另一位穿着嘻哈风格的服装，一副满不在乎的样子。电梯里还有一位老人，他看着两位年轻人，皱了皱眉头。这时，一位年轻的妈妈推着婴儿车进入电梯，小朋友左顾右盼，突然笑了起来。原本沉闷的气氛突然消散，大家相视而笑。

微笑是可以传染的。当拨通陌生候选人的电话时，请微笑着说第一句话；当第一次见到候选人时，请微笑着与他寒暄。

塑造良好第一印象的常见障碍

障碍 1：我害羞，不想麻烦别人。

有些招聘经理觉得麻烦别人很不好意思，或者害怕参加社交活动，因此不主动和优秀的行业人才交流。他们会辩解说自己性格内向。

其实，内向不是问题，内向不等于不善于沟通。内向的人可能更喜欢有安全感的圈子。一旦进入有安全感的舒适区，内向的人也很乐于与其他人接触。

有些人会说，我那样做会给别人添麻烦。殊不知，朋友都是麻烦出来的。今天你麻烦他，明天他麻烦你，一回生二回熟，你们逐渐就从普通朋友变成了好朋友。

解决方案：你不需要把自己变成一个性格外向的人，只要加入与候选人的沟通讨论以及其他社交活动就行了。你需要逐步说服自己，你有能力和更多的人建立关系。你要培养自己的勇气和信心，经常走出自己的舒适区。

障碍 2：没有我干不了的，别人都不如我，我接受不了批评。

有些人把自我定位抬得太高，很容易夸大自己的重要性。有些招聘经理把公司的光环当成自己的能力，觉得自己很了不起。他们在大公司里干得顺风顺水，自我感觉非常良好，等去了小一点的创业公司，就不知道怎么开展招聘工作了，总是抱怨流程不完善、业务经理不专业、没有工具、没有人才库，更没有蜂拥而来的简历。

解决方案：弱者才一味逞强，强者懂得适当示弱。只有谦卑下来，吸取别人的经验教训，才能变得更加强大。

障碍 3：我跟他不熟，他不会帮我的。

很多新的招聘经理都会这样讲。但是，我们要以变化的眼光来看待从人才库到弱连接再到强连接的转化过程。在职场中，没有人天生就和你有强连接关系或者是你的枢纽节点，只有用心经营，连接网才能日益扩大。

解决方案：试着运用本书介绍的思维和技巧，形成一套与陌生人交流并不断升华双方关系的方法。

障碍 4：社交招聘就是利用别人。

解决方案：无论是帮助别人找到更好的工作，还是在别人做职业规划时提供自己的建议，或者是帮助别人的朋友找到更好的工作，都是实现共赢的机会。不要有心理障碍，社交招聘只是一种实现共赢的手段。

障碍 5：我没办法帮别人什么忙。

解决方案：助人者自助，乐己者乐人。如果你认为自己没办法帮助别人，那么你可以试着列出自己的弱连接、强连接和枢纽节点，你会发现你已经在不经意间建立了一个庞大的连接网，其中的很多资源都可以用来帮助别人。在帮助别人的同时，你也成就了自己。

障碍 6：被拒绝好丢人。

解决方案：很多人害怕被别人拒绝，但招聘经理必须具备“纵君拒我千百遍，我仍待君如初恋”的心态。很多候选人都是在感受到招聘经理的诚心之后被打动的，所以一定不要害怕被拒绝，也许“下一次”就是合作的契机。

6.2 讲故事能力

维珍集团创始人理查德·布兰森说：“在今天，如果你想成为一位成功的企业家，你就必须擅长讲故事。”当你能清晰地表达自己所做的事情时，你会发现，不仅投资人会被你吸引，你对自己的目标和方向也会更加清楚。

人是情感动物，好的故事永远是能够引发共鸣的故事。每个人都拥有值得讲述的故事，当你把自己的故事讲给与你心灵相通的人时，你也就赋予了这些故事真正的价值。

为什么要提升讲故事能力

> 用故事包装事实是一种强大的力量，它能够为人们打开心灵之门，传递真相。
>
> ——富兰克林

为什么招聘经理要学会讲故事呢？因为招聘经理可以通过讲故事做到以下几点。

（1）提升自己对候选人的影响力。遇到较难沟通的候选人，需要用同理心、用故事去打动对方。

（2）促进职场社交。如果你能和候选人聊到一块去，那么你和候选人就可以在短时间内成为朋友。长此以往，你就能塑造一个有趣的个人形象，吸引别人和你成为长期的朋友。

（3）说服面试官、候选人、合作伙伴以及竞争对手等。为了讲好故事，首先要学会整理故事。不会讲故事主要是因为我们很少关注和整理发生在我们身边的事情。

社交招聘中的八类故事

招聘经理需要积累和准备什么样的故事呢？我把社交招聘中的故事分为下列八类。

（1）我的故事。

- ❖ 我是谁？（做自我介绍，内容包括公司、角色、优势和价值等）
- ❖ 我为何而来？（先于候选人提出有哪些合作的可能性，基于外部市场及候选人过去的经历对候选人未来的职业规划进行判断，看看对方想做什么）
- ❖ 如何用最短的几句话拉近彼此之间的距离？（消除候选人的警惕心是一位优秀的招聘经理必备的素质。让别人相信你，也是一种能力）
- ❖ 你能得到什么？（做有吸引力的公司介绍和职位介绍）

（2）关于对方的选择和想法的故事。

- ❖ 他有什么？
- ❖ 他换工作的诉求有哪些？
- ❖ 他最希望得到什么？

（3）关于公司和职位的故事。

- ❖ 公司的介绍是否足够有趣、引人入胜？
- ❖ 是否了解公司最近的业务以及可公开的数据？

- ❖ 是否知道公司的每次业务增长背后的原因和逻辑？
- ❖ 是否知道公司未来半年或一年的业务发展方向和目标？
- ❖ 市场中的竞争对手有哪些？其人员规模、部门设置如何？核心人才是谁？实际业务数据是什么？
- ❖ 今年不同职位的人才流动情况如何？
- ❖ 目标职位的 KPI 有哪些？

关于公司的一些有趣的故事如下：

- ❖ 公司同事成长的故事，如学历、学校、成长背景与候选人相同或相似的同事在本公司的发展情况；
- ❖ 公司发展过程中的一些趣事；
- ❖ 公司的各种活动、文化建设以及各种兴趣小组的介绍；
- ❖ 公司创始人的故事。

（4）关于行业前景的故事。

- ❖ 如何看待行业未来的发展（从自身、行业专家、投资人和公司 CEO 等不同角度）？
- ❖ 如此看待的原因是什么（最好有数据支撑或权威人士背书）？
- ❖ 是否有相似的其他行业的发展案例来佐证？

（5）关于梦想的故事。阿里巴巴人经常说“相信相信的力量”，这句话的意思是不要低估梦想的力量。梦想，是我们不懈奋斗的力量来源；相信，是实现梦想所必需的力量。招聘经理应该对公司、对自己招聘的职位充满信心，否则在吸引候选人的过程中很容易失去动力。

一位优秀的招聘经理是公司的一张名片，应该为候选人讲关于梦想和愿景的故事。

大家可能都听过这样一个寓言故事。有个人来到一个建筑工地，他问那里的三位工人在干什么，得到了三个不同的回答。第一位工人说：“我在砌砖。”第二位工人说：“我在垒墙。”第三位工人说：“我在盖一座大楼。”这个故事没有告诉我们三位工人的未来，但很明显，不同的愿景会产生不同的行为导向。招聘经理要做的，就是吸引有梦想、有愿景的候选人加入公司。

（6）打动人心的故事。只把结果告诉候选人是远远不够的，招聘经理应该给候选人讲一个故事，让候选人自己去体会故事的寓意。

我认为，一位优秀的招聘经理应该是一位饱读群书的“杂家”，应该不设限地阅读，成为拥有无限故事的人。

打动人心的故事不胜枚举，我常常会在下列几类故事中选择。

❖ 关于智慧和哲学的故事：关于古今中外的思想家、军事家、哲学家和文学家的故事，如孔子、王阳明、曾国藩、苏格拉底、柏拉图、亚里士多德、叔本华、尼采和弗洛伊德等。

❖ 关于历史的故事：关于历朝历代的重要人物的故事及其对历史的影响等。

❖ 心理学方面的故事：关于九型人格、DISC、MBTI、微表情、微动作和侧写的故事。

❖ 关于兴趣和爱好的故事：关于运动、游戏、美食和音乐的故事，都能让我们在最短时间内与候选人产生共鸣。我认识好几位“食神”，他们在大众点评上的星级很高，每次吃饭时都会详细记录心得体会，他们给别人留下了有趣且热爱生活的印象。

❖ 关于不同城市和旅行的故事：旅行的意义绝不仅仅是拍照，它可以让人了解不同城市的历史和文化，开阔自己的视野。

（7）关于职业发展的故事。这可能是招聘经理最擅长讲的故事，因为招聘经理了解很多人的发展路径，能够为候选人提供可行性更高的建议。

（8）关于“为什么需要你”的故事。招聘经理需要将候选人和公司的优缺点完美地结合在一起，营造出一种双方相见恨晚的感觉，让候选人感到自己就是这家公司的最后一块拼图。

不论是谁，都希望听到真实的故事。虚假的故事是不可能让人融入其中的。即使公司的发展并非一帆风顺，也不要编造虚假的情节，一定要以诚实、谦逊的态度来讲故事，让这些故事成为企业文化的一部分，使候选人相信公司正在变好，并且会变得越来越好。

讲故事的心得

讲故事的能力并不是与生俱来的。你可以通过下列几个小练习提升自己讲故事的能力。

（1）用某种记录工具将生活中听到的各种故事以一句话的形式记录下来，让你听到的故事真正成为你能讲出来的故事。

（2）观看演讲视频。观看 TED 演讲视频、《我是演说家》等演讲类节目，学习别人讲故事的逻辑和表达方式。

（3）多读书，广读书。我们经历的很多事情，都曾经有人经历过，所以“读史使人明智”这句话是非常有道理的。我建议所有招聘经理要多看一些世界各个国家不同时期的历史方面的图书以及有内涵的小说，这样才能更加轻松地建立对自身经历的独立判断和认知，也能从那些故事中吸取营养。当然，最重要的是，在合上书本之后，我们要能运用学到的智慧解决问题。

（4）试着把看过的故事讲给别人听，增强自己的语言表达能力。

讲故事的六大时机

招聘经理要把握好讲故事的六大时机。

（1）描述愿景时。你在向一位候选人描述职位情况时，一定要考虑到候选人未来的职业发展。你需要了解候选人的职业发展路径与公司的发展路径是否匹配，只有公司与候选人的未来发展方向具有一致性，候选人才能充分发挥价值，全身心地投入到未来的工作中，与公司共同成长。

（2）描述一个出色的团队时。优秀的候选人当然期望跟与自己差不多甚至比自己更优秀的人一起并肩战斗。向候选人描述一个出色的团队，让他感受到未来与他共事的人都对这份事业充满信心，能让候选人在内心产生一种渴望。在这个时候向候选人发出邀请，往往会有非常大的说服力。

（3）说明“非你不可”的理由和候选人未来可发挥的巨大价值时。如果能基于候选人的优势和公司的劣势充分说明候选人的价值，就能够极大地激发候选人的被需要感，也能让候选人产生实现自我价值的意愿。只要让候选人产生一种“我的能力将给这家公司带来非常大的价值”的感觉，就能提高招聘成功的可能性。

（4）介绍职位晋升通道时。职位晋升通道是指公司针对不同职位、不同职级设计的人才发展路径。这是很多候选人最关注的因素，它关乎候选人能和公司合作多久。介绍未来 3~5 年甚至更长时期的职位晋升通道，不仅可以提升公司的吸引力和候选人入职的概率，还可以增加人才的稳定性。

（5）告知行业领军人物已经加入公司时。很多人加入一家公司的原因是该公司存在行业领军人物，这也是为什么核心团队的重要程度远高于公司的人员规模。如果一家公司拥有很多行业领军人物，那么其招聘经理在说服优秀候选人加入时就更有信心和资本。那些已经入职的行业领军人物用实际行动证明了公司未来获得成功的可能性很高。而且，候选人有机会与他们成为战友并肩战斗，绝大部分候选人都会珍惜这样的机会。

（6）说明获得可观经济回报的可能性时。实现个人价值与获得经济回报密不可分。除了工资，年终奖、福利、期权及伴随公司上市所产生的额外价值等对优秀人才都极具吸引力。在实现公司价值的同时，让员工获得丰厚的经济回报，双方共同分享成功的硕果，这是今天很多公司吸引核心人才的终极武器。

6.3 别独自用餐

午餐时大家会几个人聚在一起聊天，这个一点也不稀奇。不过，有不少人的“饭友”基本是固定不变的。如果你是招聘经理，而且你总是和固定的同事一起吃饭，那么你就要小心了，因为你可能正在一点点失去成为社交招聘专家的机会。

午餐是最好的社交时间

对职场人来说，午餐是最好的社交时间。你的午餐伙伴在很大程度上决定了你的连接网的质量。

技术人员可能并不需要那么多的社交时间。但是，对一位招聘经理来说，高质量、有规划的午餐社交时间是非常重要的。日复一日、年复一年的积累将让个人连接网发生质的飞越。

如何规划午餐

午餐的规划取决于你想认识哪些人。一般来说，最好在周一或者周末对午餐进行专门的规划。

招聘经理可以通过下列步骤来规划自己的午餐。

（1）制订计划。每周末制订下周午餐计划，周一或周三修订计划，并思考下周希望约见的人。绝大部分人都不喜欢临时受约，所以要尽量避免在当天上午才约别人一起吃午餐。

（2）完善名单。建立一个自己想在午餐时约见的人员的名单，而且每周更新。

（3）在前一天晚上或者当天上午与约见对象确认时间和地点。

（4）按时到达见面地点。

（5）在交流的过程中记录转瞬即逝的灵感与收获。

和谁吃午餐

一起吃午餐的人主要包括下列几类：

- 还没见过面的脉脉、领英等社交平台上的好友；
- 见过一面，需要进一步深入交流的候选人；
- 在公司内部有影响力的部门负责人、核心员工以及拥有强大个人连接网的员工；
- 对行业、市场有深刻理解的专家；
- 同行前辈、前同事和前老板；
- 某次聚会中印象比较深刻的朋友；
- 对行业有深刻理解的猎头和招聘专家。

不建议贸然约刚认识没多久的人一起吃午餐，因为很容易陷入“尬聊”的境地——双方缺少共同语言，只好不断地寻找话题。

午餐聊什么

我们约别人一起吃午餐的目的是扩大社交范围，发展自己的连接网，这一切都建立在双方能够愉快地用餐的基础上。因此，虽然你不必成为一位美食家，但你要对吃有所研究，重点是通过吃找到双方的共鸣点。

除了美食，我们也要对喝的东西有点研究，如茶、咖啡和酒。很多人对茶或者咖啡很有研究，如果你能在这些方面与他们聊上几句，就能迅速拉近双方的距离。

在午餐之前，要思考自己希望通过这次见面达到什么目的。下面列出了一些常见的目的：

- ❖ 在对方擅长的专业领域内向对方请教某些问题；
- ❖ 了解对方的成长方法，例如，询问对方达成某个非常困难的目标的动力、原因和技巧分别是什么；
- ❖ 请对方解答自己最近在工作或生活中遇到的困惑；
- ❖ 请对方分享最近关注的事情或者某本有趣的书的内容等；
- ❖ 说明自己遇到了哪些困难，请对方提供建议。

复盘午餐收获

每天约不同的人吃午餐可以得到下列收获。

（1）候选人所在公司的情况。约候选人一起吃午餐可以借此机会了解候选人所在部门负责人的姓名、领导风格和工作状态，候选人所在公司的业务发展状态和团队稳定情况，以及核心人物之间的隐性关系等。

（2）行业认知，包括其他人对行业发展趋势的认知和判断，行业内其他公司优秀人才的发展情况等。

（3）候选人是否与招聘的职位相匹配。

（4）候选人的职业发展方向。

在午餐聊天的过程中，建议使用印象笔记等便于记录、拍照且便于后续思考、分享的效率工具。见完面之后，要对获取的信息、知识以及连接网进行二次梳理，并带着自己的思考和见解与对方再次沟通。

顺路喝杯咖啡

有时候，我们特别希望约见的人未必有充足的时间出来和我们一起吃午餐，这时就要想其他办法。

我自己经常使用一种办法——顺路喝杯咖啡。有时候，我特别希望认识的候选人屡屡拒绝见面，但我仍旧希望和对方建立联系。这时，我会跟对方说自己正好外出路过他们公司，希望有机会一起坐坐，喝杯咖啡，花 20 分钟简短地交流一下。

很少会有人拒绝这种请求，即使第一次拒绝了，也很难拒绝第二次。这样一来，我就创造了一次接触、认识对方的机会。

在第一次见面的 20 分钟里，你要有技巧地展示自己的专业度，阐述自己公司的现状和优劣势，让候选人知道自身所擅长的和你们公司欠缺的正好互补。总而言之，一定要在 20 分钟内让候选人对你和你们公司产生极大的兴趣，为下一次沟通创造机会。

交友基金和读书基金

我认为，工作 3 年以内的年轻员工尤其是招聘经理应该拿出 10% 的月薪作为读书基金，拿出 20% 的月薪作为交友基金。

我很喜欢请人吃饭、喝咖啡。人们常说“财散人聚”，你越愿意与他人分享，你的强、弱连接就会越多。

在交友方面适当投入也是投资自己的一种方式。不妨思考几个问题：你突然被解雇了，你会给哪几个人打电话、发微信？你会请他们提供什么样的帮助？几乎没有什么人能做到“万事不求人”，所以，趁着现在你并不需要他们的帮助，赶紧请他们吃个饭吧！

错误的职场用餐行为

约别人一起吃午餐或者喝咖啡并不是单纯的个人社交行为，在某种程度上也体现了你的职业形象甚至你们公司的形象，所以一定要避免下列这些错误行为。

（1）不守时。如果约的是候选人，那么一定要提前10分钟到，并告知候选人你已到达，以表示你对他的重视和用心。

（2）临时爽约或者频繁改时间。这是很让人讨厌的一种行为，对方很可能认为你不重视与他的见面。这既是一种不尊重他人的行为，也是一种时间管理能力不足的表现。

（3）总是聊八卦话题。不少人喜欢聊八卦话题。其实，偶尔聊一下也无伤大雅。但从长远看来，总是聊八卦没什么好处，反而容易对个人形象造成负面影响。

（4）空手登门。如果约的是很久没见的朋友，那么最好带上一份小礼物。无论是在虚拟世界还是在现实世界中，从来都是种瓜得瓜、种豆得豆。

（5）捧高踩低，卷入是非。千万不要捧高踩低，很有可能半小时后你说的话就传到了当事人的耳朵里。有人跟你讲别人的是非时，既不要附和，也不要打断对方，间接地引开话题即可。

（6）追求“高效率”。社交招聘连接网不是一朝一夕就能建成的，与人交往也不是什么游戏，既算不出“得分”，也不应追求所谓的“高效率”，你必须拿出真心。

6.4 招聘工具使用技巧

6.4.1 脉脉使用技巧

在使用脉脉的过程中，我总结出了下列提升个人影响力的方法和技巧。

（1）梳理目标公司维度、专业职业维度（包括现在招聘的和未来可能招聘的）、候选人档案中可能高频出现的关键词、同业务领域HR和猎头，将候选人持续添加至人才库，积极地转化强、弱连接和枢纽节点。

坚持每天添加 10 个目标职能、目标公司的好友。在接到某一特定职位的需求时，批量添加相关领域或公司的好友。

（2）结合运用脉脉与二度连接招聘法、逆向招聘法。如果目标候选人在脉脉上但是加不上好友，就要查找你和目标候选人的共同好友。通过查阅你和目标候选人的背景和经历介绍，你可以看到你和目标候选人有几个共同好友。或者，你也可以思考有哪些非脉脉上的强、弱连接可以帮你联系上对方。

如果目标候选人不在脉脉上，就要思考脉脉人才库中的哪些人和目标候选人离得近、可能在同一个圈子里。然后，通过逆向招聘法和二度连接招聘法，最终联系上目标候选人。

（3）积极打造个人品牌。个人介绍很重要，脉脉上的个人介绍是你向其他用户展示自己的窗口。你首先要确保这些信息是正确的，然后要尽量提供潜在候选人希望了解的信息。

个人介绍主要包括以下内容：

- ❖ 你承担的工作职责、扮演的角色；
- ❖ 你有什么好职位；
- ❖ 你足够专业，你能够给候选人提供哪些优质的服务；
- ❖ 你对这个行业的理解能力、对未来趋势的判断能力很强；
- ❖ 你的成功案例，包括做过什么、如何做到的以及典型成果；
- ❖ 注重格式美感；
- ❖ 用第一人称而不是第三人称填写个人资料，这会让别人觉得你平易近人；
- ❖ 在过往项目的简介部分，描述你承担的每个角色的具体职责和你在项目中发挥的实际作用；

❖ 其他优秀候选人、有分量的候选人写给你的推荐信。

很多人不愿意在脉脉上的个人资料里展示过于详细的个人信息。但是，作为一名招聘经理，你需要把最能打动别人的内容和细节写在脉脉个人资料中。我称其为“招聘的关系饵”。看到你的个人资料的所有人都可以通过脉脉真实地感受到你的存在，这会让他们更愿意与你建立联系。

很多脉脉用户在自己的资料中只填写现任职公司，这严重地限制了他们与更多人建立联系的机会。你应该像做一份专业的个人简历一样填写你的资料，你要详细填写过去工作过的公司、教育背景、重要的社会关系以及参加过的活动。你还可以在你的 E-mail 签名中添加一个脉脉的二维码，让更多的人知道你、联系你。

另外，一个专业的头像也能提高你的吸引力。当别的用户访问你的脉脉档案时，他们第一眼看到的就是你的照片。事实上，添加了头像的个人档案，人气可以提升 14 倍。你要确保自己的头像能给人一种专业、亲切、友好的感觉。脸部至少要占整张照片 60% 的大小。千万不要把结婚照、双人照、证件照、扮鬼脸的照片作为脉脉头像。

（4）进行加 V 认证，这可以帮助你获得更多人的认可。

（5）多点评。多结交行业内影响力大的人，并邀请熟悉自己的行业领袖、专家为自己点评。

（6）有针对性地编写极速联系中的内容，使用容易打动候选人的语言。

（7）提升影响力。提升影响力的小技巧如下：

❖ 与各种排行榜中的人才建立联系，不是简单地添加好友，而是建立面对面的联系，了解其优缺点；

❖ 访问同方向、同行业的其他人，你访问别人，别人才可能访问你；

- 发布有价值的动态，吸引别人的注意力；
- 写有价值的专栏；
- 增加高质量的好友，即增加好友影响力高的人；
- 每天登录；
- 发布有价值的文章、评论（点赞超过 10 个以上）；
- 回复极速联系；
- 分享到站外（2 天内的原创动态）；
- 增加具有互动性的内容，例如，写一些招聘中的趣事。

6.4.2 领英使用技巧

领英与脉脉相似，因此有一些使用技巧是两个平台通用的。下面是我在大量实践中总结出来的一些领英使用技巧。

（1）善用推荐功能。在特别合适的候选人的页面的右侧会有很多推荐候选人，算法推荐的候选人在很多时候能给你带来意外的惊喜。

（2）打造并有效管理领英人才库。当我们通过各种搜索方式找到目标候选人之后，怎样才能长期跟踪他们？为了帮助用户更有条理地梳理暂时未回复的人才，领英提供了“项目管理”这个工具。利用“项目管理”，我们可以很好地管理这些人才。

（3）写一封打动人的好友申请信。有不少人在加好友时，不愿意多写几个字，只发出空白的加好友申请，这样做的成功概率只有写一封打动人的好友申请信的 30%。此时，我们要运用之前介绍过的胡萝卜思维，想清楚候选人需要什么、如何找到“钩子”并与对方建立联系。

一封打动人的好友申请信主要包括下列信息：

- 自我介绍和公司介绍；

- ❖ 结合候选人经历的亮点，介绍自己提供的职位的核心需求；
- ❖ 对候选人适当的夸赞和认同；
- ❖ 对行业和个人发展趋势的判断；
- ❖ 其他可能让候选人产生共鸣的信息，花点时间查看候选人在领英上分享、评论或点赞的内容，以及他们所属的群组和了他们关注的领英用户，即可找到这类信息；
- ❖ 及时回复。

InMail 的九条黄金法则如图 6-1 所示。

图 6-1　InMail 的九条黄金法则

（4）将领英好友转化为微信好友乃至现实好友。大部分人并不会天天登录领英，因此，招聘经理要尽可能在第一时间将领英好友转化为微信好友。同时，最好在微信上备注清楚候选人获取渠道及重点信息，以备日后忘记候选人的背景经历时能在第一时间查到。

（5）微信扫领英二维码加好友。微信有一阵子可以绑定领英账号，用微信扫绑定了微信的领英二维码，即可直接添加对方为微信好友。这个功能一度失效，但现在仍旧有不少人在使用。

（6）让领英人才库流动起来。很多人在领英上加了很多好友，但是交流过的好友并不多。如何让自己的领英人才库流动起来呢？你要把领英当作和微信朋友圈一样的工具。如果你经常在微信朋友圈里点赞和留言，那么你在领英上也要这样做，尽可能多地与别人互动。

（7）开辟专栏。开辟专栏，高频次地更新你的一些想法、观点，这对提升你的影响力会有很大的帮助。你的领英档案不仅仅是简历，还能带动双向对话。发起对话的一个有效途径是分享你创建的内容，或者你认为有趣的、相关的内容。如果你定期分享有用的信息，那么潜在候选人和同行就会把你视为该领域的专家。

（8）结合使用搜索工具和领英。我们经常会发现，通过搜索引擎搜出来的某些结果是领英中的个人档案。结合使用搜索工具和领英，往往能快速触达部分关键候选人。

（9）找到担任过某个职位的所有人。这也是一个实用技巧，有时候你不仅可以看到在目标公司目标职位任职的人，还可以看到曾经担任过该职位的其他人。

（10）善用布尔搜索。彻底分析候选人个人档案中可能出现的关键词，利用“AND”“OR”“NOT”等进行布尔搜索，精准触达目标候选人。

（11）加入领英群组。加入各种群组，寻找志同道合、拥有共同兴趣的人。

（12）在领英上获得技能认可和推荐信。

6.4.3 微信标签、备注使用技巧

我认为微信在目前是所有社交工具的核心。现在有很多新的社交平台，但是即便加了好友，也聊了不少，最后还是会说一句“我们加个微信吧”。你可以在各种不同的社交场景中使用不同的工具，但最终绝大部分人都会汇集到微信里。

面对大量的联系人，增加每个人的辨识度是一项非常重要的工作。很多招聘经理经常遭遇加完好友没有及时修改备注名，结果根本不知道这个人是谁的尴尬场面。因此，我们必须做好微信的标签分组管理和名称管理。

微信标签如何分类

微信标签的分类方法多种多样：按照职业类型，可以划分为技术、产品和 HR 等；按照公司，可以划分为百度、阿里巴巴和腾讯等；按照毕业学校，可以划分为清华、北大和北邮等。

微信备注名的设置

备注名比标签更重要。设置备注名的核心原则可以用一句话概括：看到名字就能想起这个人的核心特征。

设置备注名时可以使用以下关键词：

- ❖ 现公司；
- ❖ 重要的前公司；
- ❖ 职业（如产品、技术和销售等），如果是开发人员，则要备注清楚技术栈或擅长的编程语言；
- ❖ 级别（公司内部职级，如总监；外部标准匹配职级，如阿里巴巴 P7）；
- ❖ 擅长点（简短精练）；

- ❖ 谁介绍的；
- ❖ 现在团队大小及期望；
- ❖ 毕业学校；
- ❖ 最适合的公司内部职位；
- ❖ 双方结识的场景；
- ❖ 优势连接网。

另外，尽可能及时添加电话号码。

建议

（1）尽可能在认识一个人的第一时间就打好标签、做好备注，最晚不超过当天。

（2）将你认为非常重要的微信好友置顶，并定期对他们进行回访。

（3）优化搜索关键词，确保没有查不到的人。

6.4.4 猎聘网使用技巧

对于猎聘网的常规操作，这里不再赘述。下面主要分享一些特殊技巧和心得。

- ❖ 运用逆向招聘法接触目标候选人的上级、平级合作部门和下级。
- ❖ 用“薪资范围”筛选出优秀候选人。
- ❖ 运用收藏夹功能有效管理暂时来不及联系的和未来可能需要的候选人。
- ❖ 运用逆向招聘法时要留意候选人在原公司的职位名称以及公司

品牌名称和注册名称的不同。例如，“三快科技有限公司”就是大家熟知的“美团”，像这样的例子有很多。

❖ 通过公司外部网站和现有内部员工了解目标公司可能使用的“黑话”，再进行关键词的组合，如华为的IPD、PDT等。

❖ 通过搜索结果二次优化搜索结果，即找到一份合适的简历之后，通过此简历的二次分析优化关键词，然后再次搜索。

6.4.5 知乎等各大论坛、沙龙、社区、网站

招聘经理可以在知乎等各大论坛、社区打造个人品牌，以此推动招聘工作；或者结识一些有影响力的KOL，与他们建立强连接，从而认识更多圈内的优秀人才。

许多公司高管、专家都会参与各种外部活动。“活动行”等平台上有大量的活动信息，其中包括来自各家公司的各位专家的照片、职位和履历等。即便部分信息不那么完整，我们也可以通过活动内容大致猜测出这些专家的背景和经历。再结合运用脉脉、领英和公司内部人员等信息渠道，即可查明他们的真实身份。

很多公司的官方网站都会发布其他公司的高层来本公司参观访问之类的新闻，这些新闻也可以提供很多有用的信息。另外，上市公司也会披露大量的信息，如公司高管和股权激励等。一位优秀的招聘经理会利用这些信息进行深入挖掘。

另外，招聘经理一定要时刻关注公司的负面新闻，一旦发现负面新闻，就要及时采取应对措施。

6.5 面试中的明察秋毫

招聘经理要想提高面试能力，就必须掌握并熟练运用胜任力模型、行为面试法和情境面试法。了解微动作、简历和面试中的虚虚实实、面试陷阱预防、侧写等技巧，则能让招聘经理面试时拥有更强的掌控力。

胜任力模型

“胜任力”这个概念是由哈佛大学教授戴维·麦克利兰（David McClelland）于 1973 年提出的，它是指能将某一工作中卓有成就者与其他人区分开来的个人的深层次特征，包括动机、特质、自我概念、态度或价值观、某领域知识、认知或行为技能等任何可以被可靠测量或计数的且能显著区分优秀与一般绩效的个体特征。

胜任力模型是出色地完成某项工作所需的各项胜任力的集合。我们经常说的冰山模型就是胜任力模型，如图 6-2 所示。

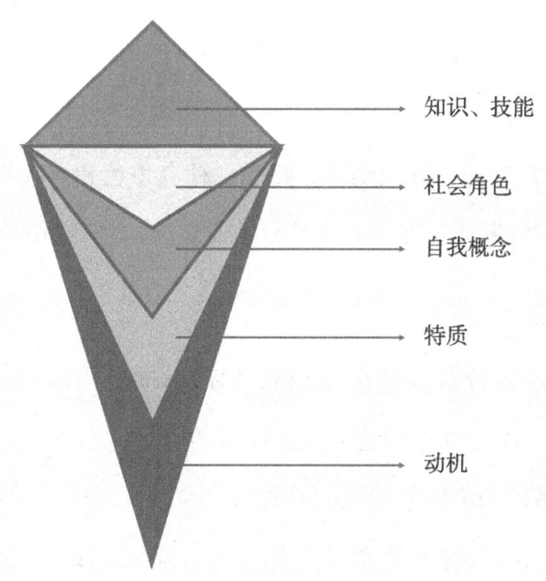

图 6-2 冰山模型

“水面上”的特征包括各种知识和技能，例如，是否熟练使用 Word、Excel，英语的听说读写能力如何，等等。“水面下”的特征主要分为四类，即动机、特质、自我概念和社会角色。

动机是指内在想法或意图，例如，选择一份工作或者某个职业的真实意图。动机强的人往往有较高的目标，动机弱的人往往得过且过，责任感较差。

特质是指人的典型行为方式，以及人在面临一定情景时会做出的一致反应，如抗压能力和主动沟通能力、自我学习能力等。

自我概念和社会角色可以理解为三观（人生观、世界观和价值观）对人的影响。大部分人的自我概念和社会角色受家庭和成长环境的影响较大。

我们在分析一个职位的时候，要先分析这个职位的胜任力模型，除了要考察“水面上”的知识和技能，还要重视“水面下”的胜任力。不同级别、不同职能的岗位的胜任力模型是不同的。例如，在考查高层管理者候选人时，要重点关注统筹规划、决断力、创新和战略思维；考察基层管理者时，则要更多地关注执行力、沟通协调能力、以身作则的意识和指导技巧，两者的胜任力模型差别很大。

“水面下”的胜任力涉及动机、特质、社会角色和自我概念，相对没有那么容易了解和判断，往往需要用到行为面试法和情境面试法等方法。

行为面试法

行为面试法也称行为事件访谈法（Behavioral Event Interview，BEI），这是一种系统、客观地考察候选人胜任力的方法，即通过对候选人的工作经历中的行为事件来考察候选人的胜任力。

行为面试法的具体步骤如下：第一步，确定面试职位的胜任力模型（确定岗位说明书），确定最重要的 1 ~ 2 项胜任力以及次重要的 2 ~ 3 项胜任力；第二步，实施行为事件访谈，记录关键行为；第三步，回顾访谈过程，根据最重要胜任力和次重要胜任力对候选人进行评估打分，确定是否录用。

下面以某公司的招聘专家职位为例进行说明。

（1）确定岗位说明书。岗位说明书的主要内容如下：

- ❖ 负责公司核心业务线的招聘工作，对核心岗位招聘完成率、整体招聘完成率和内推完成率等指标负责；
- ❖ 建设良好的雇主品牌；
- ❖ 拥有较强的精准招聘能力，能够长期针对目标公司、目标行业进行精准招聘；
- ❖ 拥有较强的 Mapping 能力和社交招聘能力，在行业内建立了广泛的连接网；
- ❖ 负责过技术或产品类岗位的招聘，熟悉社交类产品的优先。

任职要求如下：

- ❖ 对招聘工作有热情，热爱移动社交行业，主动沟通能力强；
- ❖ 正直，学习能力强，勇于担当，善于面对各种压力、困难；
- ❖ 对内推、雇主品牌有深入的理解；
- ❖ 善于分享，有团队管理经验者优先。

我们可根据岗位说明书提炼出以下胜任力：

- ❖ 知识和技能——招聘能力、内推运营、雇主品牌建设、Mapping；
- ❖ 特质——主动、学习能力强、抗压能力强、有担当；
- ❖ 动机——对招聘工作有热情、热爱移动社交行业；

❖ 社会角色和自我概念——正直、团队管理。

（2）实施访谈。访谈表如表 6-1 所示。

表 6-1 访谈表

胜任力	考察维度	问题
知识技能	招聘能力	曾经负责过的职位及招聘项目，招聘的数量及完成情况
	内推运营	内推比例，如何运营的，采用过哪些手段提升内推比例，效果如何
	雇主品牌建设	怎样理解雇主品牌，做过哪些对提升雇主品牌有帮助的事情
	Mappig	做过哪些公司的 Mapping，目的、过程、产出分别是什么
特质	主动	介绍一个主动发起的项目或者工作，为什么要这样做，结果如何
	学习能力	介绍一个在工作中掌握新知识的经历，如何做的，有什么收获
	抗压能力	遇到过的压力最大的一件事是什么，如何克服的
	担当	日常工作中有没有为了更好地完成任务而付出额外努力的经历
动机	对招聘工作的热情	为什么做招聘而不是人力资源管理的其他模块，获得的成就感是什么
	对移动社交行业的热爱	是否喜欢移动社交行业，为什么
社会角色、自我概念	正直	回想一个一直坚持某个价值观而受到很大挑战的真实经历
	团队管理	是否带过团队，踩过哪些团队管理的“坑”，能否分享两个案例

（3）回顾访谈，进行评估。根据访谈过程中的案例，对候选人的胜任力进行评估，决定是否录用。

情境面试法

情境面试法是指设置工作中的各种典型情景，让候选人在特定情景中扮演一定的角色，完成一定的任务，从而考查其多方面实际工作能力的一种面试方法。

一个人未来的行为会在很大程度上受到其目标或行为意向的影响。情境面试法基于这个假设，为候选人设置了一系列工作中可能会遇到的情境，并询问候选人“在这种情况下你会怎么做”，以此来鉴别候选人与工作相关的行为意向。候选人的回答与其将来真实的行为之间往往具有非常高的相关性。

我在使用情境面试法时，有时会给候选人设置一个明确的情境。例如，我会问“某公司需要在1个月内紧急招募10名Java开发工程师，假设你是招聘负责人，在拥有若干资源的情况下，你将在1天、1周、1个月内分别做哪些事情？你预计会出现哪些困难？你将怎么解决？”

情境面试法可以考查候选人的思维灵活性与敏捷性、语言表达能力、沟通技能、处理冲突的能力、组织协调能力、人际关系处理能力等。从总体来看，它是一种成本较低但很有效的面试方法。

微动作——你的身体不会撒谎

在与候选人交谈的过程中，我们既能接收到对方发出的语言信号和表情信号，还能接收到对方通过肢体行为传递的肢体信号。

微动作是指人们在下意识状态下所做出的细微肢体行为。分析候选人的微动作，捕捉其传递的真实信息，可以帮助我们了解对方的真实心理状态。

（1）头部动作。

- ❖ 低头动作：交谈过程中突然低头属于下意识的回避动作，表示对方不愿意面对自己所叙述的事情，或者隐藏自己的思考过程。
- ❖ 颈部动作：频繁吞咽口水的动作表示对方紧张不安、心虚忧虑、不耐烦。

（2）手部动作。人类有着灵敏的手指，手指能感受到0.000 02毫米的震动。手是人体中触觉最敏感、动作最多的部位。我们习惯在说话时辅以手势，进而更好地传递所要表达的信息与感情。

人们常说“十指连心”，观察候选人的手部动作往往能获取很多有用的信息。

❖ 刮鼻子：内心犹豫不决，言语中可能有所隐瞒。这是人们未能做出明确决断或说谎时常见的手部动作。

❖ 捋头发：自我安慰，代表对方可能准备不够充分，或者在紧张状态下自我抚慰。

❖ 握手：握手力度与性格相关。握手力度大的人自信、坦率、善于掌控他人，同时内心炽热、对成就有所期待、领导力较为卓越。握手力度适中的人性格坚毅、作风稳健、思想缜密，是困境的改变者和建议的提出者。握手力度小或者只做蜻蜓点水般的触握的人通常性格内向、懦弱、消极、傲慢，缺乏决断力和持之以恒的精神。一般来说，主动握手的人比较积极。

❖ 双手揉搓：内心充满期待、想要尝试或者正在自我慰藉的表现。

❖ 抓后脑勺或摸脖子：候选人对自己所表述的信息不够确定，需要再次思考后确认。

❖ 双手磨搓大腿：紧张与焦虑的表现。

（3）脚部动作。心理学家认为，越是远离大脑的部位，越能真实地反应人的内心。“脚语”很容易被忽略，却可能是最诚实的肢体语言。

❖ 双脚悬空摆动：状态松弛、准备充分的表现。

❖ 单腿不停地快速抖动：紧张不安，心中有所期待，一旦期待得到满足，动作即停止。

❖ 向后退步：内心恐惧或有结束谈话的打算。

❖ 行走速度：步速较快的人一般思维活跃、执行力强、办事效率高，但容易粗心大意；步速较慢的人一般性格沉稳、善于思考，更加细致入微。

简历和面试中的虚虚实实

> 策之而知得失之计，作之而知动静之理，形之而知死生之地，角之而知有余不足之处。
>
> ——《孙子·虚实篇》

招聘经理在简历筛选与面试甄别中要利用各种技巧和方法打探虚实、鉴别真伪。下面列出了一些需要鉴别的重要信息。

（1）工作时间：在某公司任职时间很短或离职理由不够充分。试用期未结束便离开、业绩较差被辞退或者事业发展顺利时突然离职等情况都是需要重点关注的。

（2）工作绩效。在提出此类问题时，若候选人有意回避或言语闪烁、态度犹豫，则要特别关注。在候选人回答的过程中，要观察其神态，若对方泰然自若，则回答大概率为真，反之为假。

（3）级别。级别包括职级、头衔、平级同事和汇报对象等信息。常用问题有“您是总监还是总监级”“您加入这家公司的时候就是这个级别还是后来调整的”“与您平级的人都是什么级别，都有谁”等。

（4）扮演的角色。候选人在某项工作中扮演的角色可能是负责人、参与者或旁观者。为了深入挖掘候选人对该工作的总结与反思，可采用背景调查（询问原上级、平级和 HR 等人）和行为面试法，同时通过其叙述时使用的主语（如“我”和“我们”）辅助判断其扮演的角色。常用问题为“如果再做一次，你会怎么做”。

（5）薪资水平。了解候选人当前的薪资水平时可以采取以下策略。

- 出其不意：突然询问当前薪资，与候选人对视，观察其眼神是飘忽不定还是气定神闲。待候选人回复后，再次询问其期望的薪资水平，态度犹豫一般说明期望较高。若有明确数字且高于正常水平，可再次追问期望薪资底线及理由。
- 声东击西：要求候选人描述每次薪资浮动的原因，以此甄别其职级、薪资和业务能力。若候选人能够流畅地表述，则回答大概率是真实的。

（6）银行流水：要求候选人提交连续 6 个月的银行对账单或入账单。若候选人可以在短期内提交，则真实度较高。

面试陷阱

在面试的过程中，可利用无中生有的技巧，为候选人设置一些“陷阱”，以摸清楚候选人的真实想法和情况。

陷阱一：面试官与原领导相熟。

面试时故意说“您是 ×× 公司的吗？还是 ×× 部门的？您跟谁汇报工作呢”，同时表现出若有所思的样子。待候选人回答后，表现出与这个人相熟的样子，继续说“是 ×× 呀，您是跟他直接汇报呀”。若候选人神态紧张，则说明对方可能在担心暴露一些想要隐瞒的情况。一般来说，踩过这个“陷阱”之后，候选人的欺骗性语言便会收敛许多。

在此之后，可以设置另外一个“陷阱”，如“你觉得 ×× 会如何评价你”，利用候选人的顾虑以及转换角色的评价方式，了解候选人在原公司的人际关系和业务能力等。

陷阱二：借银行流水打探薪资虚实。

询问候选人当前薪资后，可问对方“是否方便提供银行流水”，并观察其反应。想要掩盖事实的候选人一般都会有不自然的表现。

陷阱三：压低候选人的期望薪资。

当候选人提出的期望薪资过高时，可以先直接拒绝，并明确表达无法满足该期望，然后观察其反应，也许候选人愿意有所让步。此方法同样适用于候选人提出的薪资期望可以满足，但希望通过压低候选人期望在Offer谈判环节占据有利地位的情况。

陷阱四：主动问一句“方便给您做背调吗”。

提出此问题后，注意观察候选人的微动作和微表情。若候选人回答爽快，则其所述信息大致真实，反之则很可能有虚假成分。

侧写

招聘中的侧写是指根据候选人的行为方式推断其心理状态，从而分析其性格、生活环境、工作环境及实际预期等。

侧写在招聘工作中可以发挥下列作用：

- 瞬间赢得对方好感；
- 引导候选人说出自己的离职真相、薪资期望、在工作中的表现，从而掌控面试节奏与进程；
- 掌握候选人内心的真实诉求；
- 引导候选人掀开底牌，突破候选人的心理防线；
- 用气场征服候选人，引导其按照自己设定的方向做出选择。

我们常用的行为面试法也是侧写的一个“变种”，该方法可以重现当时的情景，使候选人身临其境，从而帮助我们做出对候选人的判断。

在面试中应用侧写时需要注意以下要点。

（1）情景设定。当直接询问候选人“你怎样看待在未来工作中可能会发生的大量加班的情况”时，大多数候选人都会给出一套标准答案，很难得到真实的回答。但若询问“我听说 ×× 公司加班更严重了，你怎么看待这种情况”，则大多数候选人会放松戒备，侃侃而谈。这时候选人表达的观点往往就是其对加班的真实看法。

（2）转移焦点。当询问候选人对某公司的看法时，可以问“你的家人或朋友怎样评价 ×× 公司”。这种看似漫无边际的交谈方式，一方面可以营造轻松愉悦的沟通氛围，另一方面可以消除候选人的戒备心理，有利于我们获得真实的信息。

（3）候选人第一时间说出的离职原因往往不是真实的离职原因。很多面试官都会问“你的离职原因是什么”，候选人往往会准备好答案，如“追求更大的发展”“希望拥有更大的平台”“希望学到更多东西”等。面试官可以不断追问，待候选人将预备的答案用尽，然后问候选人是否还有其他原因。候选人在思考时间不足的情况下给出的“次要原因”往往就是核心原因，这些核心原因可能包括部门内部斗争失败、领导不认可、薪资低、权限被缩小等。

（4）让候选人进入过度紧张或过度松弛的状态。人处于过度紧张的状态时，思维能力下降，无法做出理智并带有倾向性的表达，此时是突破候选人心理防线的最佳时机。人处于过度松弛状态时，大脑运作快速、顺畅，但警觉性、防备意识减弱。此时，候选人更容易表露心声，或许会主动说“我实话实说吧”之类的话。

（5）候选人的表情控制总会晚一秒。微表情最短只持续 1/25 秒，虽然每个人都会有意识地控制自己的表情，甚至能做到收放自如，但微表情却很难掩盖。面试官依然可以利用对方一闪而过的微表情做出某些判断。

（6）寻找候选人的弱点。要想使候选人暴露自身客观存在的弱点，既可动之以情晓之以理，也可以在不违反法律法规和道德的前提下采取适当的手段。例如，在面试之前，对候选人的生活背景、工作经历、行业口碑和离职原因等进行深入摸排。

（7）陷阱式提问。面试官要先进行全盘布局，然后在关键环节设置"陷阱"。例如，当想要了解一家公司的组织架构时，可先发布一个该公司没有的职位，然后与来自该公司的候选人进行交流，通过候选人的介绍与纠正，了解目标公司的组织架构和人才情况。

（8）谎言无法二次编辑。真实发生的事情，即便叙述多次，表述也是相同的，谎言则不然。若能打破谎言的框架，则候选人将无法再进行二次编辑。掌握侧写技巧的面试官会将同一个问题问两次，或者在打破谎言的框架后进行二次提问，或者进行逆向提问，以此查证候选人表述的真实性。

（9）"我"和"我们"的差别很大。在面试的过程中，很多候选人在概括某项工作时均表述为"由我独立完成"，但在描述细节时则表述为"由我们共同完成"。此时应提高警惕，该候选人可能并非该工作的主导者，而是参与者，甚至仅仅是旁观者。

（10）修炼气场，掌握主导权。气场是个人气质对周围人产生的影响，包括个人性格、行为方式、语气语调和言谈举止等。气场不是吸引力，却远比吸引力强大。招聘经理应当注意修炼气场，通过气场影响候选人，塑造亲和与威严并存的面试官形象。

能够折射出候选人心理状态的其他因素

下列因素能够折射出候选人的心理状态。

（1）父母与家庭的影响。父母是孩子最好的老师。父母的品行及教育方式、家庭氛围等均对个人成长发挥着极其重要的作用。优秀的招聘经理往往会关注候选人的成长环境，提前发现、排除潜在的一些问题。

（2）家庭责任心、事业心。工作与生活是相辅相成的，招聘经理应对候选人历任工作的加班情况以及工作和生活的平衡情况加以了解。

（3）爱好与碎片时间管理。候选人的兴趣爱好及其对碎片时间的管理可以从侧面反映其精力管理能力、创新能力和学习能力等。

例如，面试时可以询问候选人经常使用或喜欢的 App，这些 App 不仅可以反映候选人关注哪些领域，还体现了其生活态度。

（4）个人方法论。提出个人方法论是积淀与反思、修炼与提升的有效方式。面试时可询问候选人“是否有自己的方法论”“该方法论是通过什么样的经历获得的”等问题。

6.6 个人品牌建设

招聘经理个人品牌建设

个人品牌是指个人拥有的外在形象和内在涵养所传递的独特、鲜明、确定、易被感知的信息集合体。简而言之，个人品牌就是其他人对你的认知、印象和评价。美国管理学大师汤姆·彼得斯（Tom Peters）曾说：“21世纪的工作生存法则就是建立个人品牌。”

拥有出众的个人品牌将为招聘经理带来好口碑、高溢价、强信任、强话语权、低认知成本等收益，积累这种无形资产是职场竞争的取胜之道。

个人品牌是一种以人为核心的品牌，因此它更加强调与人的外在属性和内在属性相关的特征与元素。人生是一个不断做出各种选择的过程，我们选择穿衣风格、兴趣爱好、工作环境和交际圈等。正是多个选择结果的融合，才塑造了现在的自己。

成功的个人品牌通常满足三个条件：第一，言而有信、独具魅力；第二，信息可靠、值得信赖；第三，带来机遇、扩大交际圈。

社交招聘的“谜之规律”：越被认可的人，社交招聘成本越低

很多初入职场的招聘助理都会提出一个问题：“为什么我与候选人沟通时屡屡吃闭门羹，而我的上级或HR总监去沟通却畅通无阻？”我认为，除了技巧不足，根本原因在于上级或HR总监的个人品牌。

假设你是一位候选人，有两位招聘经理希望与你建立联系，其中一位是世界500强公司的HR总监，另一位是不知名公司的招聘助理，你更倾向于接受其中哪一位的邀请呢？你更期待与谁见面呢？

答案不言而喻。世界500强公司的HR总监凭借自身背景和强大的个人连接网，塑造了业内的高认可度和非凡的个人品牌，因此必然胜出。这个例子充分说明了打造个人品牌的重要性。

打造个人品牌的要点

打造个人品牌的要点如下。

（1）提升专业度。提升专业度是打造个人品牌的关键。招聘经理应该精通社交招聘，熟练运用社交招聘的各种理念、方法和技巧，全方位提升自身的专业度。

（2）做HR领域内最懂业务的人。只有增强对行业和业务的理解，才能与优秀的候选人进行深度沟通。

- 每天精读行业领袖及优秀公众号的文章，与相关行业内的顶尖人才建立相互分享交流的关系，建立对行业发展历史和发展趋势的认知。
- 主动与行业专家交流，将A的观点记录下来与B交流，再将A、B的观点记录下来与C交流，多种思想、观点相互碰撞、融合后，便逐渐形成了个人对行业的认知。

（3）增强个人品牌识别度。进行深度自我剖析，扬长避短，并通过社交平台进行有效展示，创造焦点，引发共鸣，吸引志同道合的人。

- ❖ 认真填写社交平台个人档案，注意资料的完整性和用词的专业性。
- ❖ 合理运用社交平台，与行业资深专家进行频繁、有效的交流。
- ❖ 打造个人标签，对你想影响的人进行认知建设，让他们接受你的定位，一想到招聘就能迅速想到你。

（4）持续管理枢纽节点及强、弱连接，选择性地参与高质量的线上社群或线下活动。

（5）主动结交行业领军人物，与其建立强连接。

（6）乐于并且努力成为他人的枢纽节点，建立属于自己的招聘同盟会。

6.7 如何避免失败的社交招聘

要想避免失败的社交招聘，招聘经理应该注意避开以下一些误区。

交浅言深

很多招聘经理会说“我和 ××× 是朋友”这样的话，其实，他们没有分清楚候选人到底是因为他这个人还是因为他所在的公司才与他交往的，他们把公司的光环当成了自己的能力。其实，招聘经理不同于公司创始人，候选人之所以愿意和招聘经理保持联系是因为他背后的公司，而不是他这个人。

世界 500 强公司的招聘经理很可能不需要做什么，就可以每天收到成百上千封来自世界各地、毕业于名校、拥有知名公司任职经历的候选人简历。这并不是因为他们做得好，而是因为大家觉得这家公司有吸引力，非常愿意加入。

可能有人会反问：“那我认识高级别的候选人有什么好处呢？”

当然有很多好处。候选人所表现出来的优秀的职业品质、职业习惯和学习能力，以及面对每一次抉择时所做的判断、规划等，不仅是你能从他们身上看到的，也是你能从他们身上带走的。

临时抱佛脚

职场中人与人之间的深入联系通常是通过多次接触建立起来的，临时抱佛脚式的招聘失败概率很高。

招聘经理要持续维护自己的人才库、强连接、弱连接和枢纽节点，定期与他们沟通职业生涯规划和近期状态，经常向他们分享一些有价值的信息。通过增加互动频次与深度，你们之间的信任度和亲密关系也就建立起来了。

遇到找不到人的情况应该怎么办？不妨通过你的强连接找找看。你要坚持跟大家分享你的进展，而不是突然把“你认识 ××× 吗”这种问题抛给一个已经半年或者一年没联系的朋友。

闭门造车

很多招聘经理喜欢自己一个人在招聘网站上不停地刷各种简历，看起来好像很努力，但很少真正离开自己的办公桌，投入到职场的社交网络中去。

在我职业生涯的关键时刻，有不少朋友向我提供帮助，为我介绍新的机会。这些机会对我来说具有很大的价值，也改变了我的人生。

更重要的是，我发现，我也有能力去为他们或者其他人做同样的事情。

群发短信、微信

很多人都会在过年、过节的时候群发短信或者微信，但很多人是不看也不回的，这让发送者感到非常尴尬。那么，在这些场景中，如何关注别人并让别人关注你呢？

对于与你有强连接关系的人，你要用心地表达自己的真实感受，如感恩、感动、有他人陪伴的幸福等。在这种时刻说这些平时感到很肉麻的话并不为过，但是千万不要直接复制别人发来的内容。

对于与你有弱连接关系的人，不妨给他们一些惊喜。例如，你可以说很高兴在哪里与对方认识，把你们共同拥有的、为数不多的回忆找回来，这样做或许能让对方重新对你产生兴趣，进而将这段关系升华为强连接。

不懂得“断舍离”

面对有下列行为的几类人，要趁早“断舍离”：

- ❖ 不守承诺，言而无信；
- ❖ 没有时间观念；
- ❖ 欺骗成性；
- ❖ 不懂感恩；
- ❖ 有其他企图，心术不正。

有一些人，你已经和他们约好了，但他们每次都找各种理由爽约。遇到这样的人，就不用再死缠烂打了。

面对候选人，逞口舌之快

很多招聘经理都希望通过言语说服候选人。但是，很多时候，让候选人“赢”才能给候选人更大的满足感。就像做生意，只有让顾客觉得自己赚到了，才能实现双赢。自己单方面的“赢”只会适得其反。

总忍不住打断别人

卡耐基曾说：“做个好的听众往往比做个演讲者更重要。专心地听他人讲话，是我们给予他人的最大尊重、呵护和赞美。”

有时候，倾听比倾诉更有力量。人们往往会介意自己在说话时候的笨拙和木讷，却不在意自己在倾听中的拙劣表现。沟通的高手不一定是表达的高手，但一定是倾听的高手。

招聘经理在沟通过程中最容易让候选人反感的几种行为如下。

（1）随意打断别人的谈话。这是最大的禁忌。

（2）过早地对候选人的能力做出判断。

（3）过度防卫。这样的人好像得了“被迫害妄想症”，总认为别人对他有所企图。

（4）习惯性地唱反调、拆台、否定。在这些人的字典里没有“共鸣”“支持”“赞同”这样的字眼。

（5）无原则地附和。

不做背景调查就录用

对候选人的诚信度和候选人提供的信息的真实性进行查证在招聘过程中已十分普遍。企业在招聘工作中所面临的种种风险可以归纳为胜任力风险、法律风险、职业操守风险和成本风险四大类。若不采取必要的背景调查手段，一旦产生风险，风险将直接由招聘经理承担。

做背景调查时，主要调查候选人以往的经历（包括工作时间、岗位名称、工作职责、教育经历和薪资水平等）和其他人对候选人的评价等。一般的原则是：向合适的人问合适的问题，多问数字少问感觉，多问事例少问评价；做判断时以封闭式问题去求证；谈话时要做记录，要引用证明人的原话而非自己的观点。

常用的问题如下。

❖ 您愿意再次启用这位求职者吗？

- ❖ 求职者为什么离开贵公司？
- ❖ 求职者在贵公司工作了多长时间？
- ❖ 求职者的缺勤记录如何？
- ❖ 求职者能否与同事良好合作？
- ❖ 求职者在贵公司的职责是否重要？
- ❖ 求职者在工作中有哪些主要长处、突出业绩和重大失误？
- ❖ 与其他承担类似责任的人相比，您如何评价这位求职者？
- ❖ 您如何评价求职者在培训、开发和激励下属等方面取得的成绩？
- ❖ 在职业成长和开发方面，您认为求职者需要做什么？
- ❖ 求职者受雇期间，是否发生过交通事故或工作事故？
- ❖ 您是否掌握一些证明求职者不适合某职位的信息？

一般来说，招聘下列职位时需要做背景调查。

（1）涉及人事和资金管理的职位。例如，招聘会计、出纳和投资经理等职位时，出于对资金安全的考虑，公司一般都会对候选人进行背景调查，以了解其工作能力和诚信度。招聘薪酬专员、绩效专员、招聘经理和人力资源业务合作伙伴时，一般也要做背景调查。

（2）涉及公司核心技术秘密的职位，如研发部的工程师、技术人员等。核心技术秘密关系到公司的生存，一旦被竞争对手获取，公司就会面临生存危机。所以，公司招聘这类人员时都会非常谨慎。

（3）部分中高层管理职位。运营总监、销售总监、总经理等职位与公司的运营战略、运营方向、核心客户资源关系密切，如果这些人出现问题，那么整个公司的资金链及运营都会受到极大的影响。因此，大多数公司都会对中高层职位候选人做背景调查。

不注意控制爽约

很少有 HR 没有被候选人爽约过。话虽如此，但我们还是要尽可能减少爽约。下面总结了一些可以有效减少候选人爽约的技巧。

（1）有技巧地多次询问候选人能否按时前来面试。在确定面试时间的当天，通过微信或短信发送公司地址和行车（坐车）路线信息；面试当日，提前一个小时打电话询问候选人到哪里了，是否存在找不到路的情况。

（2）把面试地点写清楚。在发出面试通知时，注明从候选人的家到面试地点需要多长时间，甚至直接查好坐车路线，告诉候选人坐公交和坐地铁哪个更方便。另外，还要查一下当天的天气。如果可能下雨，就要提醒候选人带伞，让对方感受到你对他的关心。

（3）面试时要严谨、专业。面试时，不要轻易做出承诺。例如，候选人问薪资待遇能否达到他的要求，你不能立马说可以，以免面试结束后发现候选人达不到要求，还得另外找理由降低薪资。候选人最反感面试之后招聘方降低薪资，因此，你要给出一个大致的薪资范围，然后根据其能力确定。

（4）及时摆脱负面情绪。做招聘久了，什么样的情况都会遇到。电话被挂，约好了人却不来，来了又走……这些都是正常现象。无论碰到什么情况，一定要保持心态平和，尽快摆脱负面情绪，主动寻找原因和解决办法。

（5）适当调整岗位职责或薪资。目前，网络求职非常普遍。网络求职具有便捷、成本低的优点，很多候选人都会海投简历，这样一来，就容易出现面试机会重叠的情况。此时，候选人必然优先选择前景好、薪酬高的公司。假如公司的岗位职责或薪酬与市场脱节，或者岗位职责与薪资不匹配，就会使公司的吸引力大打折扣。

招聘经理可以做一份简单的面试统计表，分析面试的情况，及时与业务部门负责人沟通，合理调整岗位职责或薪资，使之至少达到市场平均水平。

（6）尽量为候选人提供帮助。候选人缺席面试的原因多种多样，例如，投简历只为了试试自己的水平、不急着求职、家里临时有事、突然生病住院，甚至只是因为睡懒觉迟到了所以干脆不去。

招聘经理要了解具体原因，能帮忙的尽可能帮忙。如果实在帮不上忙，也不用勉强，可以留下候选人的联系方式，日后有机会再联系。

（7）反馈面试结果，与候选人深入沟通。下载简历需要时间，沟通联系需要时间，敲定面试需要时间……因此，不要轻易放弃合适的候选人。

对方说薪资低，你可以说："我们的薪资确实比一些公司低，可是我们的发展潜力很大。这是一个很难得的机会，这个岗位只招两个人，已经招到一个了，你真的很适合，我再帮你约个时间吧？"

对方说不适合，你可以说："没来怎么能确定自己不适合呢？不妨来了解一下，适合当然好，真的不适合也可以对行业多一些了解，你也没有什么损失。"

（8）发出 Offer 后要及时跟踪候选人。候选人因健康或其他原因推迟入职时，招聘经理要充分重视。毕竟，从发布招聘信息、筛选简历到邀约面试，再到发出 Offer，不是一天两天就可以完成的。一定要及时分析候选人不能准时入职的原因，找出解决办法。

发出Offer之后候选人爽约，很有可能是因为在与候选人接触的过程中，给对方留下了不好的印象或者对方获得了关于公司的一些负面信息。此时，招聘经理要做好调查和弥补工作。

6.8 个人成长的五个阶段

在不同的发展阶段，招聘经理对社交招聘的五大要素、三个圈子理论、三角共赢理论以及社交招聘的五大方法的运用水平是不同的。初入职场的新人与拥有多年经验的招聘经理所需掌握的要素和训练的思维、技巧是不同的。

我们可以将一位招聘经理的成长过程分为五个阶段，即初出茅庐（0~1年）、小试牛刀（1~3 年）、游刃有余（3~5 年）、大显身手（5~10 年）和炉火纯青（10 年以上），如图 6-3 所示。

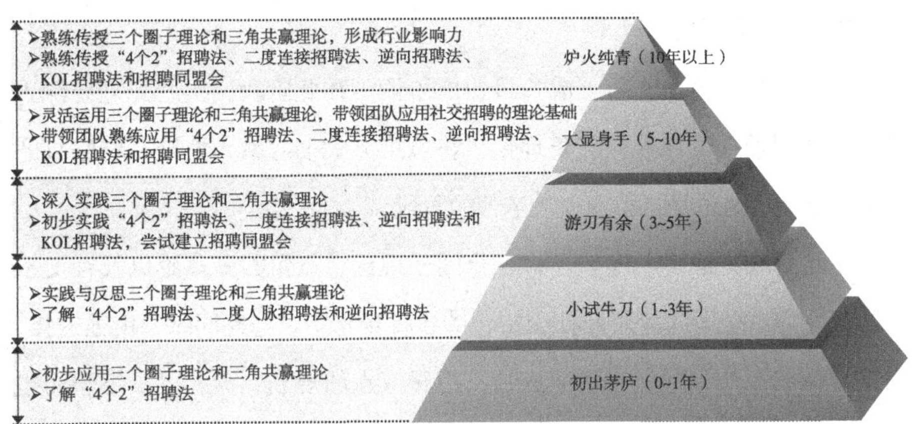

图 6-3 招聘经理成长的五个阶段

第一阶段：初出茅庐

在第一年，招聘经理要注重对人才库的积累，人才库会逐渐孵化出一小部分弱连接和强连接。

在此阶段，招聘经理要熟练掌握三个圈子理论、三角共赢理论和“4 个 2”招聘法，并持续维护脉脉和领英等社交平台，在树立良好第一印象、开展午餐社交、提高讲故事能力等方面加强训练。

在此阶段，招聘经理应当注重对抗压能力、沟通能力、坚韧精神和协作意识等素质的培养。

第二阶段：小试牛刀

在熟练掌握基本理论和方法之后，招聘经理可以学着运用逆向招聘法和二度连接招聘法处理一些多元化、复杂的项目。除了持续积累人才库，还要对自己的强、弱连接进行布局规划和复盘迭代。在此阶段，招聘经理应该熟练掌握三角共赢理论并付诸实践。

在此阶段，招聘经理要能熟练地应用三个圈子理论和“4 个 2”招聘法顺利完成招聘任务，并尝试运用各种思维方法和技巧。

第三阶段：游刃有余

这是招聘经理在技巧上成长最快的阶段。在此阶段，招聘经理要深入实践三个圈子理论和共赢三角理论，将思维方式彻底融入血液，精细打磨方法、技巧。这也是招聘经理最辛苦的阶段。

在此阶段，招聘经理必须将三个圈子理论、三角共赢理论以及社交招聘的五大方法全面地应用到社交招聘的各种场景中。与此同时，由强连接、弱连接构成的连接网正在快速成长，枢纽节点的规划、盘点以及招聘同盟会的构建也在持续推进。

第四阶段：大显身手

在此阶段，招聘经理要掌握的东西不应再局限于三个圈子理论、三角共赢理论以及社交招聘的五大方法，招聘经理还要学习 Mapping、学习型组织建设，逐步增强自身对企业管理者的影响力。与此同时，招聘经理个人的二度连接网也趋于成熟。

这个阶段最大的不同在于，招聘经理不仅自己有所建树，还能为新人传道授业解惑，并在带新人的过程中实现自身的二次成长。

第五阶段：炉火纯青

在此阶段，招聘经理对社交招聘的五大要素、三个圈子理论、三角共赢理论、社交招聘的五大方法、社交招聘的五大应用场景和Mapping等的理解和运到达到了炉火纯青的程度，不仅建立了强大的个人连接网和二度连接网，还在行业内拥有了一定的影响力，而且能提出新的方法论。

第七章

打造 90 分招聘团队

如何打造一支优秀的招聘团队是每家公司、每个人力资源管理团队都面临的课题，本章将重点讲述如何打造一支战斗力超强的招聘团队。

7.1 90 分招聘团队

假设我们可以对招聘结果进行百分制评分，我认为并不存在满分招聘，因为总有你无法触达的候选人。我常常思考这样一个问题：60 分、70 分、80 分和 90 分招聘分别是什么样的呢？

60 分招聘

60 分招聘的重点要求如下。

（1）在既定的招聘周期内顺利完成招聘任务，找到业务部门认可的人才。

（2）采用合理、有效、成本在预算范围内的招聘渠道。

（3）充分了解内部需求与外部市场，在核心岗位上能够为业务部门提供三个以上的选择。

（4）对候选人进行有效吸引和入职引导，Offer 谈判结果符合市场平均水平，合理掌控候选人预期。

（5）保证候选人顺利入职，且在试用期内按照预期履行既定的工作职责。

（6）招聘成功率达到合格水平，“闪离”的比例控制在一定范围内。

请回顾自己的招聘过程，如果能做到以上几点，那么基本已经达到了及格水平。对很多招聘经理来说，能达到 60 分已属不易。这要求招聘经理具备大局观、责任感和担当意识。60分招聘是招聘经理走向职业化和专业化的必经之路。

70分招聘

70分招聘的重点在于对招聘各个环节进行精细化管理，提升专业度，优化候选人体验，推动招聘流程的制度化和数字化建设等。

70分招聘的重点要求如下。

（1）开展精细化管理及提升专业度。“天下大事，必作于细”，开展精细化管理及提升专业度要求招聘经理必须在招聘的各个环节都精益求精，努力做到尽善尽美。

以电话沟通为例，很多招聘经理都觉得自己很会打电话，但是，会打和打得好是不同的。如何打一通既让候选人感到舒服又能撩动对方心弦的电话，如何通过专业的表述使候选人充分了解职位信息并产生兴趣，这才是每一位招聘经理要重点关注和解决的问题。

（2）优化候选人体验。提升候选人面试体验、增强面试官专业度、建立面试官能力提升机制等都是70分招聘的必要条件。

（3）招聘流程制度化。招聘流程制度化是指招聘流程有章可依。据我所知，很多公司都有“HR红宝书”。形成一本不断完善的“HR红宝书”就是从60分招聘跨越到70分招聘的明显标志。

（4）招聘流程数字化。招聘流程数字化是指通过应用各种软硬件系统推动招聘工作的自动化。例如，招聘经理可以通过某种数字化平台将面试官的日程公开，这样候选人就可以高效地预约面试时间；招聘经理还可以通过软硬件系统完成接待面试流程，等等。

80分招聘

80分招聘的重点要求如下。

（1）深入了解行业前景，思考人才战略布局，构建一度、二度连接网。

（2）制定雇主品牌升级策略，持续提升企业品牌以及招聘经理的个人品牌价值和行业影响力。

（3）为业务带来长期价值，持续跟进行业内核心的管理和技术人才，建立完善且持续更新的企业人才库。

（4）团队及个人 Mapping 能力显著提升。

（5）持续开展内推运营，建立完善的内推奖励制度和良好的内推氛围。

（6）找到企业、招聘经理、猎头三方的平衡点。

（7）熟练运用微动作、微表情、九型人格、行为面试法等人才测评工具、方法和技巧。

（8）熟练运用三个圈子理论、三角共赢理论和社交招聘的五大方法。

90 分招聘

90 分招聘要求招聘团队将自身打造为一个具备社交招聘能力的学习型组织。仅凭个人的力量是无法达到 90 分的，必须依靠团队的力量。

90 分招聘要求招聘团队的成员勤于思考，善于总结，具备很强的个人能力，积极建立个人连接网；还要求整个团队将每个人的连接网连接起来，形成一张覆盖面更广的一度、二度连接网。

90 分招聘的重点要求如下。

（1）招聘团队成员术业有专攻，拥有各自的社交招聘连接网。

（2）招聘团队成员合力强、善于分享，乐于成为彼此的节点。

（3）招聘团队以构建学习型组织为目标，具有浓厚的学习气氛，团队成员持续学习能力强、成长性高，组织绩效高于个人绩效之和。

（4）招聘团队和个人具有复盘迭代的意识与能力，善于发现问题、解决问题，不断精进。

（5）整个招聘团队是一个同心人团队（7.5 节将会详细介绍什么是同心人）。

90 分招聘团队是一个所有团队成员都能突破自我极限，塑造共同愿景，拥有健康的心智模式和科学的组织学习方法，且善于进行系统思考的团队。

7.2 优秀招聘经理的素质要求

招聘经理应该具备优秀的综合素质。下面分几个方面进行介绍。

招聘经理的动物属性

我想用三种动物的特征来形容一位优秀的招聘经理所应具备的特质——鹰的眼睛、豹子的速度和平头哥的顽强。

一位优秀的招聘经理应当具有鹰的眼睛，要能做到明察秋毫。观察人才就像观察一座冰山，招聘经理既要能识别水面上方的技能、技巧、经验和经历等，也要能判断暗藏在水面下方的素质、能力、行为动机和价值观等。

一位优秀的招聘经理应当具有豹子的速度，要能做到雷厉风行。这里所说的速度主要是指推荐人才以及人才入职的速度。很多招聘经理仅仅将推荐数量当作工作目标，他们的口头禅是“今天推荐了 3 份简历，明天再推荐 3 份”。虽然他们每天都能完成一定数量的工作，但无法保证工作的质量。

一位优秀的招聘经理应当具备平头哥的顽强，要能做到百折不挠。一般来说，出色的候选人不会随时都在看机会，而经常在看机会的人有很大概率不是出色的候选人。优秀的招聘经理要敢于啃硬骨头，长期跟踪目标候选人，做到“不在招聘，就在招聘的路上”。

招聘经理的职业属性

在公司内外，在工作岗位上，招聘经理需要扮演不同的角色。

（1）销售多面手。招聘经理要具备出色的销售能力，要成为大客户销售员、地推销售员、电话销售员和渠道合作专家，同时还要注重结果导向，用实际数据说话。

（2）外部人才市场专家。招聘经理要具备敏锐的洞察力，要了解本行业发展趋势与本公司业务规划，把握人才市场脉搏，深刻理解业务需求，掌握员工动态。

（3）出色的侦探。招聘经理要做到阅人无数、见微知著，要熟练掌握面试技巧和心理学知识，系统科学地进行人岗匹配。

一位优秀的招聘经理要善于分享，与招聘团队的其他成员形成合力。招聘团队是一个整体，一荣俱荣，一损俱损。所有团队成员都要具备“胜则举杯同庆，败则拼死相救”的意识。

做不好销售的招聘经理不是好 HR

一位优秀的招聘经理一定是一位好的销售人员。下面这个公式概括了一位优秀的招聘经理应该扮演好哪些角色：

优秀的招聘经理＝电话销售员＋房产经纪人＋渠道合作专家＋大客户销售员＋招聘管理系统管理员＋连接网管理专家

（1）电话销售员。每天打 2 个小时或者 20 通电话，这是与外界进行沟通、充分收集外部信息的好办法。一位优秀的招聘经理应当像电话销售员那样，挂了第一通电话，接着打第二通、第三通，要有直面困难的勇气和不怕被拒绝的积极态度。

（2）房产经纪人。优秀的招聘经理往往喜欢四处游走，他们经常在各家公司楼下主动接近候选人，无论对方有没有跳槽意向。线上聊一个月不如线下见一面，每周见 3 个与自己有弱连接关系的人或者人才库中的候选人，见 3 个与自己有强连接关系的人或者枢纽节点，就一定能建立起强大的社交招聘连接网。

（3）渠道合作专家。你要时刻牢记，你不是一个人在战斗，你有很多战友。你要放下“甲方意识”，和你的猎头朋友们互动起来。为了更好地和这些战友进行合作，招聘经理必须有效地管理渠道合作伙伴。无论是定期复盘职位、细化公司介绍，还是对候选人进行更加系统的培训，或者是通过猎头进行定向的深度挖掘，都需要渠道合作伙伴的配合和帮助。另外，你的招聘同盟会中也有你最亲密的战友和合作伙伴，合作共赢的模式能够帮助你编织出覆盖面更广的连接网。

（4）大客户销售员。打动对公司意义重大的候选人往往非常困难，招聘经理必须具备极强的耐心，在前期进行足够多的沟通铺垫，甚至拉上CEO、其他高管乃至投资人等一起上阵，尽可能明确候选人的诉求，确保候选人的诉求与公司的发展方向、职位要求相匹配。

（5）招聘管理系统管理员。一位优秀的招聘经理就是一个强大的招聘管理系统管理员。我认为，一位优秀的招聘经理应该每天至少看200份简历，打20通电话，每周维护至少6个强、弱连接或枢纽节点，持续经营自己的社交渠道（如脉脉和领英等），不断完善自己的人才库，持续跟踪目标公司和目标候选人，经常复盘并完善自己的社交招聘连接网，形成高效的时间管理及学习成长方法。

（6）连接网管理专家。一位优秀的招聘经理一定拥有一套高效的、成体系的人才库四大承载工具管理方法，并能够定期复盘自己的强连接、弱连接和枢纽节点。

7.3　一个优秀的实习生顶半个招聘经理

2013年，我将入选实习生和应聘实习生的比例设置为1∶20，所有实习生都需要经过多轮面试。

第一轮面试：每人进行 3 分钟自我介绍。

第二轮面试：每 5~8 人一组，进行无领导小组讨论。话题多为当前形势与热点，采用开放式命题。2013 年，LBS（基于位置的服务）领域十分火热，我们便要求准实习生思考：在 LBS 这个领域中，BAT 这三家公司中哪家会在未来 5 年内成为领先者。

无领导小组讨论可以展示准实习生以下几个方面的能力：

- 组织协调能力；
- 冲突解决能力；
- 对新鲜事物的学习探索能力；
- 逻辑分析及沟通表达能力。

第三轮面试：以一对一的方式进行 30~40 分钟的面试，观察准实习生在主动沟通、抗压、目标感和意愿度等方面的表现。在这一轮面试中要策略性地夸大工作压力，使不以快速成长为目标的准实习生知难而退。

第四轮面试：对准实习生进行九型人格测试。我个人比较偏爱 2、3、8 型。2 型是分享和成就别人型，这类实习生乐于分享并成就他人；3 型和 8 型分别是实干型和领导型，这类实习生踏实肯干，而且在工作中有较强的推动力，敢于担当。为什么实习生也要有较强的推动力并敢于担当？因为实习生需要自主地推进招聘工作，要想胜任这份工作，就必须具备这两项优秀品质。

通过四轮面试筛选出来的实习生，其个人素质普遍比较优秀，而且聪明好学、勤奋努力、抗压力强、善于总结分析、乐于付出、善于分享。

在 2013 年那一批优秀的实习生中，有多位同学在本科毕业后即被聘为公司副总裁助理或招聘专员。

7.4 学习型组织的建立

我非常推崇《第五项修炼》一书，这本书介绍了学习型组织的建设方法以及五种修炼要素，这五种修炼要素分别是自我超越、心智模式、共同愿景、团队学习和系统思考。

（1）自我超越。自我超越是指团队成员对自我愿景的实现和超越。我们可以给团队中的每一位成员设置一个具有针对性的目标，如“成为 ×× 行业的人才专家”，鼓励员工运用社交招聘的思维和技巧不断精进、不断超越自我。

（2）心智模式。团队成员要不断反思并实践社交招聘的理念。当然，实践更具有挑战性。但在实践之前，必须先转变团队成员对社交招聘的固有认知，使所有团队成员接受并愿意践行社交招聘的理念。

（3）共同愿景。我常常会为我的团队设立一个目标——成为外部人才市场专家，“专家”二字意味着对外部人才市场了如指掌。只有团队中的所有成员都真正认识到个人连接网和二度连接网的价值，这个团队才有可能成为 90 分招聘团队。

（4）团队学习。团队要建立多种机制和多个平台促进团队学习（例如，为团队成员搭建一个定期更新的业内优秀文章分享平台），彼此监督，共同进步。

（5）系统思考。系统思考是应用于以上四个要素的系统化的思维方式，也是建设学习型组织的关键。

下面分享一些我认为对建设学习型组织很有帮助的做法。

- 创造学习型环境，即建立团队成员与外部候选人、内部业务部门的沟通机制，营造鼓励学习的环境，搭建各种学习平台。
- 鼓励所有团队成员博采众长，学会欣赏他人的优点并努力将他人的优点变成自己的优点。

- ❖ 不断地向团队成员灌输系统思考的理念。
- ❖ 树立标杆，标杆人数要多于团队人数的一半，标杆的示范作用将促使其他成员向优秀成员靠拢。在建设学习型组织的过程中，只要团队中一半以上的成员能够做到按照要求执行，另外一半成员就会迅速跟上，学习型组织的氛围自然就会形成。
- ❖ 注意阶段性地复盘学习成果。

7.5 同路人和同心人

在招聘这条路上，我们会遇到很多伙伴，我们将和这些伙伴一起成长、一起进步。要想打造强大的社交招聘连接网，就必须找到更多的同路人，并将更多的同路人转变为同心人。

下面介绍一下同路人和同心人的定义和区别。

同路人：方向一致，目的地可能一致。同路人之间的关系是一种合作关系，双方在某个阶段拥有相同的中短期目标，在向某个阶段性目标行进的过程中基于利益交换互相支持和帮助。这种关系相对不稳定，容易在强、弱连接之间相互转换。

同心人：金钱无法播种的地方，愿景可以。同心人对未来方向的判断和对未来结果的预期都是一致的，哪怕对方朝你开了一枪，你也一定会相信对方只是枪走火了，这就是同心人之间牢不可破的信任。职场中的同路人已经很难得，能再有几个同心人，实在是一件幸事。

那么，怎样才能找到同心人呢？

首先需要经过一段时间的沉淀，共事 3~5 年的人才有可能成为你的同心人。路遥知马力，日久见人心。没有几年共同工作和成长的经历，缺少彼此付出和认同，肯定无法达到同心人的状态。其次要保持较高的互动频次。无论分享招聘方法、技巧，还是共享资源和连接网，都要基于较高频次的互动。最后要共同经历坎坷、获得成就。拥有共同的经历，一起打过硬仗，一起获得过荣誉，才能做到互相扶持、甘苦与共。

一位优秀的社交招聘经理应该不断增强自己的“磁力”，吸引越来越多的同路人和同心人。增强“磁力”的方法主要有以下五种。

（1）打造共同的企业和团队价值观。企业和团队的价值观是灯塔，有了共同的价值观，大家才能朝着相同的目标迈进。

例如，“阿里土话”体现了阿里巴巴员工的精神，其中的经典语录有“梦想就是做梦都在想”“因为相信，所以看见”“唯一不变的是变化”“男人的胸怀是被冤枉撑大的”等，这些语录不断激励着阿里巴巴员工成为彼此的同心人。

（2）培养感谢痛苦和先苦后甜的观念。泰戈尔曾说：“你今天受的苦、吃的亏、担的责、扛的罪、忍的痛，到最后都会变成光，照亮你的路。”这样的理念可以聚集一批同心人。只有一起吃过苦，才能尽情享受成功的快乐，产生更强烈的认同感。

（3）学会感恩。结草衔环、彼此感恩是同心人团队的典型特征。同心人团队的所有成员彼此欣赏，互相帮助，互相感谢对方的支持与付出。

（4）寻找共同记忆。共同记忆可以让我们挣脱时间的束缚，沉浸在同样的体验中。例如，曾经供职于相同的公司，共同做过一件很有趣或很尴尬的事情，曾经在不同的时间去过同一个城市等都是共同记忆。

（5）经常引起他人的好奇心。好奇心是升华友谊的催化剂，也是吸引他人关注你的诱饵。一旦你的行为方式激起了他人的好奇心，对方就会为了满足自己的好奇心而与你互动。经常引起他人的好奇心可以帮助你加速发展与同路人的友谊，将其变为同心人。

一位优秀的招聘经理往往十分注重丰富自己的生活，善于将自己的思考和见地融入自己感兴趣的领域。无论是读书、旅行，还是成为一位美食家，或者是成为一位横跨多个领域的所谓“杂家”，都可以在无形中增加与他人沟通的切入点和话题。

7.6 分享与合力

要想促进分享、与其他团队成员形成合力，招聘团队负责人就要做好以下几点。

（1）先有分享，后有合力。一个不懂得分享的团队是无法形成合力的。招聘团队负责人在打造团队的合力之前，先要让所有团队成员成为懂得分享、乐于分享、善于分享的人。只有乐于分享、彼此成就，才可能实现从同路人向同心人的转化。

一个优秀的招聘团队可以通过以下几种方式提升团队成员的分享能力：

- 每天在团队群组中分享一篇所属行业的、有深刻洞见的文章，或者发表自己的观点，并说明分享理由，营造分享氛围；
- 每周组织分享会，所有团队成员都要准备分享内容，可以是Mapping成果、公司业务介绍或者某个招聘项目的心得；
- 考核团队成员对他人的帮助，鼓励团队成员共享简历，形成高站位的大局观，思考对整个团队有利而非仅对个人有利的招聘方法。

（2）鼓励团队成员互相了解各自擅长的行业、职位及其工作风格、个人连接网。每一位团队成员都应该了解其他成员之前在哪家公司工作，与哪家公司中的哪个人建立了强、弱连接，拥有哪些枢纽节点，加入了哪些招聘同盟会等。团队成员彼此深入了解不仅可以减少招聘阻力，而且可以扩展彼此的二度连接网。

（3）鼓励团队成员发现自己的不足和他人的闪光点。他山之石，可以攻玉。只有发现和改善自己的不足，发现和学习他人的长处，整个团队才能共同进步。

（4）让团队成员切实体会到分享的好处。团队成员只有体会到分享的好处以及与其他伙伴形成合力所产生的价值，才愿意主动融入团队，共同打造同心人团队。

（5）引导能力优秀的团队成员与经验尚浅的团队成员形成一对一帮扶小组。

（6）让所有团队成员担任不同项目的项目经理，强化所有人主动为团队考虑的意识，让所有成员都参与到团队建设中来。

招聘团队负责人应该通过团队成员实现对目标行业、目标公司、目标人才的全覆盖，并在团队中培养熟悉多个行业、多个公司的外部人才市场专家，然后进行“拼图”。

所谓“拼图”，就是分析现有团队成员的优势和劣势，并通过外部招聘或内部能力提升快速弥补劣势。

假设分析招聘团队情况后发现没有人在公司 a、b 建立强、弱连接，就要安排团队成员有针对性地在公司 a、b 建立强、弱连接，或者请公司 a、b 的 HR 或熟悉这两家公司的猎头进行“拼图”。这样一来，就能成功地将独立的个人连接网拼成覆盖面更广的团队连接网。

在图 7-1 中，A、B、C 三个人都有自己的连接网，他们互相取长补短之后，就能将彼此的连接网连通，组成一个更大的连接网。

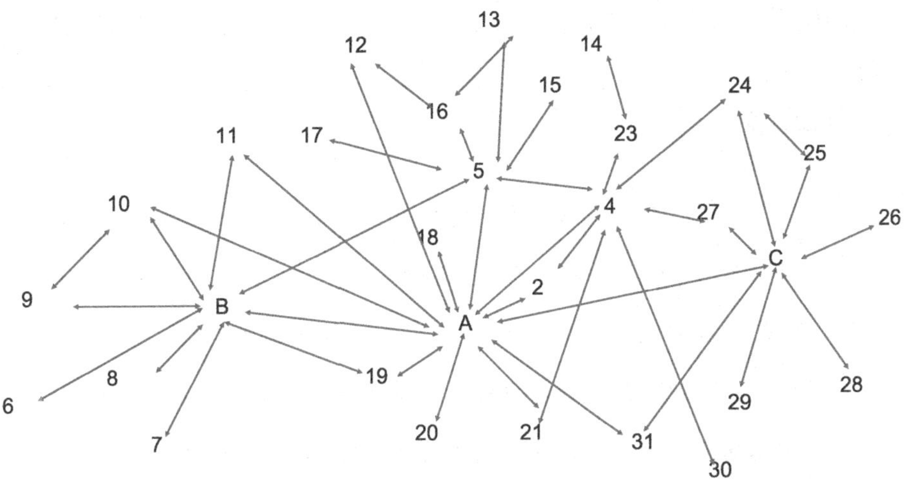

图 7-1 A、B、C 的连接网相互连通

7.7 初心、匠心和恒心

打造学习型招聘团队需要初心、匠心和恒心。

初心——不忘招聘初心，方得强大连接网

不知从何时起，身边那批优秀的招聘经理都离开了招聘的主战场，要么开始做 HR 全模块，要么专做 HR 业务合作伙伴、组织发展，要么退居二线做管理。这让我不得不感叹，优秀的招聘经理都转岗了或者正在转岗的路上。

我希望更多的招聘经理能够不忘初心，提升包括社交招聘在内的综合能力，最终成为行业人才专家，创造更大的价值，助力企业腾飞。

匠心——成为一名“手艺人”

要想做好招聘，必须具备匠人精神，招聘经理要成为一名“手艺人”。在招聘的各个阶段，工作的深度、广度和质量总会有提升的空间。无论是

打一通电话，还是发一条信息，或者是运用一项沟通技巧，都要做到精益求精。

举个例子：

- ❖ A在社交平台上添加好友的时候直接说自己是谁谁谁，根本不提自己来自哪家公司，想要做什么；
- ❖ B在添加好友时，合理运用三角共赢理论，告诉对方自己是谁，自己是如何找到对方的，夸赞对方在某个方面的专长，提出想向其学习求教，同时猜测对方可能有哪个方面的诉求，表明自己能为对方带来什么价值。

显而易见，B添加好友的通过率当然会高于A。

招聘经理要勤于思考，无论是联系候选人失败、候选人不看机会，还是推荐简历不通过、候选人面试失败，都要思考背后的原因，想办法改进。招聘经理要在不断的反思中总结出一套自己的工作方法和技巧。例如，一位刚工作3天的实习生和一位工作了3年的招聘经理在招聘网站上搜索时所用的关键词不同，搜索结果自然也不同。有的招聘经理工作了3年却仍旧停留在工作了3天的水平上，在搜索关键词组合、工具和收藏夹的使用等方面都和实习生的水平差不多。

恒心——每天完善自己的连接网，坚持10年

我在本书一开头就算了一笔账：如果每天认识10位候选人，那么10年就能积累36 500位好友。

阿里巴巴P7及以上级别的人才可以算是互联网行业的核心人才，在整个互联网行业，这样的核心人才不会超过10万人。招聘经理只要有恒心，能够坚持下去，就非常有机会成为行业人才专家。

我曾经与一位每年做400多万元业绩的资深猎头聊天。我问他猎头工

作最大的诀窍是什么，他轻描淡写地说了句："好像没什么不同，只是打的电话比别人多了些。"

我也曾经忘记初心，转去做商务拓展，最后又重新做回招聘。当一切归零时，我想起了一位职场前辈说过的话："每天下午 4 点到 7 点，把其他的事情都推掉，专心地打 3 个小时电话。"这句话让我受益至今。

说到恒心，我想提一个我非常佩服的人——罗振宇。大家都知道，他每天早上都会通过《罗辑思维》公众号发送一段 60 秒的语音，一秒不多，一秒不少，每天都有几十万人在听这段 60 秒的语音。坚持每天发一段 60 秒的语音真的很不容易，坚持一两天很轻松，但坚持 10 年需要何等的耐力和恒心。

招聘经理应该像苦行僧一样，坚持每天加 10 位好友，坚持每天给候选人打电话，坚持定期见候选人，坚持和不同行业、不同领域的人建立连接。只要坚持 10 年，终将成为招聘领域的顶级专家。这才是做好招聘工作的最大诀窍。

第八章

人工智能与社交招聘

云计算、移动互联网、社交媒体和大数据等的发展，将为人力资源管理工作提供强大的助推力。在人工智能、预测分析与自动化决策、沉浸式体验和机器劳动力等的作用下，未来的招聘工作将产生非常大的变化。

人们没有能力应对不断变化的技术模式。

——2000 年诺贝尔经济学奖获得者
詹姆斯 • 赫克曼（James Heckman）

持续发展的科技彻底改变了所有个体和组织，人力资源管理正在经历一场史无前例的变革甚至彻底颠覆。物联网、云计算、大数据、人工智能、区块链等新技术正在以史无前例的速度改变着商业环境和商业模式，而商业环境的剧变将使传统的人力资源管理模式面临空前的挑战。

可以说，科技正在成为推动人力资源管理变革的最重要的力量。

招聘经理这个职业未来是否会被取代

在未来，招聘会变成什么样？有人说人工智能将会取代招聘经理，我认为言之过早，至少不会被完全取代。

人与人之间的信任与联系是无法被冷冰冰的技术和工具所代替的。我认为，招聘的演变过程类似于零售行业的发展，最早只有线下宣讲会（对应于早期的大卖场），后来出现了线上宣讲会（对应于各种线上商城），将来的趋势很可能是线上与线下相互融合（对应于新零售）。

我认为这种发展趋势还是非常明显的。所以，在新的招聘时代来临之际，赶快跳上社交招聘这艘快船吧！

人工智能对招聘的影响

身为一家人工智能公司的HR，我想谈谈未来人工智能可能对招聘产生的影响。我们可以用四象限法做一张图，横坐标为被人工智能取代的可能性，纵坐标为人创造的增值，我们把招聘各个环节的工作放到不同的象限中，即可得到如图8-1所示的结果。

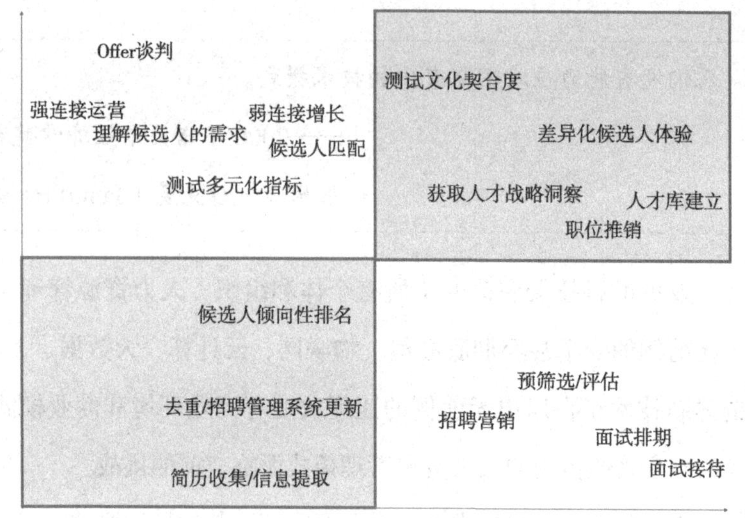

图8-1　人工智能对招聘的影响

工具越来越便捷，用户体验越来越好

越来越多的招聘工具变得更加智能了，例如，脉脉、BOSS直聘和猎聘网的移动端产品的用户体验越来越好。相信未来会出现更多、更便捷的新型招聘工具，招聘经理将从中受益。

人工智能已经改变了招聘和求职的游戏规则。招聘经理与求职者互动，迅速确定对方是否适合某个职位，从而缩短了人岗匹配时间和整个招聘流程所用的时间。由人工智能驱动的招聘将变得越来越精准，招聘时间也将进一步缩短。

搜索和推荐结果越来越精准

有人认为，理解一份简历应该是人类特有的技能。然而，事实证明，人工智能在这个方面要比很多经验丰富的招聘经理还强得多。改造搜索和筛选简历等流程可以让招聘团队负责人获得更多的时间来培训和指导求职者和招聘经理，最终提升招聘工作的成效。

简历搜索结果越来越精准，根据某份简历推荐的其他简历的匹配度也越来越高。在脉脉和领英等社交招聘平台上，非常多的推荐人选和招聘经理确定的目标候选人匹配度非常高。以脉脉为代表的社交招聘平台能深入地分析用户数据，包括他们的个人档案和公共数据，甚至可以通过这些数据来预测用户接受某份工作的可能性有多大，用户可能对什么样的职位感兴趣。社交招聘平台还能分析候选人的主要特征，并直接针对具备这些特征的用户自动生成招聘广告。

企业和招聘经理的人才库日益丰富

各种优秀的人才库管理工具将随着人工智能的发展不断迭代。以北森和 Moka 为代表的新一代企业人才库管理工具在不断更新迭代的过程中，将为企业建立自己的长期人才库做出更大的贡献。

个人人才库管理工具也在不断迭代，最早大家都用 Excel，现在出现了越来越多的新型工具，它们将为招聘经理运营和管理强连接、弱连接及枢纽节点提供更大的便利。它们还可以帮助招聘经理筛选出匹配度最高的候选人，跟踪以前申请过本公司职位的候选人，并将目前的申请人与最适合的职位快速地匹配起来。

借助于这些工具，招聘经理可以更有效地对人才库中的优质候选人进行精细化运营。以脉脉人才银行为代表的产品将不断迭代，更好地服务于企业和招聘经理。

面试测评能力不断提升

人工智能赋能的多种面试测评工具将更深入地与招聘需求分析、岗位胜任力模型结合起来，并通过语音语义分析等方式对候选人的能力进行评价，从而承担招聘经理的部分职责。我们有理由相信，这些评价将更加准确，招聘经理的工作量将进一步降低。

面试体验进一步提升

公司业务介绍、面试排期、面试接待、差异化候选人体验等与候选人体验密切相关的工作将被人工智能大量取代。VR 和 AR 技术带来的沉浸式体验将使候选人足不出户就能体验应聘公司的业务场景和工作环境；面试排期、接待的优化也将给候选人带来更好的体验，并大大降低招聘经理的工作量；差异化候选人体验将为候选人提供更多个性化的服务，提升候选人的感官舒适度，增加候选人对企业的认同感。

人工智能将大大优化简历收取、去重评估、面试接待、排期等工作步骤和环节，但无法改变人与人之间的连接网。2013 年之后，猎聘网、拉勾网、脉脉、领英和 BOSS 直聘等新型招聘工具、职场社交平台持续升级迭代。招聘工具的社交属性不断得到凸显与强化，职场社交平台的招聘功能则在不断创新与丰富。我大胆地预测，2019 年将成为新型招聘方式全面取代原有招聘方式的元年，新的招聘时代即将开启。

招聘方法、技巧与工具的演变进化绝不会止步于此，社交招聘方兴未艾。在不远的未来，随着大数据、区块链、脑机接口和智能机器人等技术的不断成熟，企业势必会将更多的新技术应用于招聘工作的方方面面。到时候，本书介绍的很多方法和技巧的作用可能会有所减弱，但邓巴数字、强关系、弱关系、结构洞和六度分隔等基本概念仍将持续地为招聘工作提供理论基础。

我希望，在新的招聘时代能有更多对社交招聘感兴趣的，拥有计算机专业、社会学专业和人力资源专业等专业背景的复合型人才更加深入地实践并完善社交招聘，让社交招聘为企业和经济社会的发展创造更大的价值，为第四次工业革命注入人才方面的强大动力。

后　记

致读书自由的终身学习者

当今社会，很多人都在拼命想如何才能实现财务自由。在我看来，比财务自由更重要、更容易实现、更有价值的是读书自由，即随时都能阅读自己想读的书并有所收获的自由。我已经达到了这种状态，这让我感到很幸福，希望你也能尽快实现读书自由。

我把从书中学到的各种思想和方法应用到工作中，不断成长、进步。在这里，我想给大家推荐一些书。下面列的这些书让我受益良多，对我的思考和写作也有很大的帮助：

- ❖ 马克·格拉诺维特的《镶嵌》和《社会与经济：信任、权利与制度》；
- ❖ 奇达夫、蔡文彬、王凤彬和朱超威的《社会网络与组织》；
- ❖ 罗宾·邓巴的《社群的进化》；
- ❖ 罗家德的《社会网分析讲义》和《复杂》；
- ❖ 朱迪·罗宾奈特的《给予者》；
- ❖ 里德·霍夫曼的《至关重要的关系》；
- ❖ 彼得·圣吉的《第五项修炼》；

- ❖ 史蒂芬·柯维的《高效能人士的七个习惯》；
- ❖ 安德斯·艾利克森的《刻意练习》；
- ❖ 田效勋的《过去预测未来：行为面试法》(第三版)；
- ❖ 安妮特·西蒙斯的《故事思维》；
- ❖ 姜振宇的《微动作》。

致　谢

感谢10年来我在HR道路上遇到的每一位恩师，他们是祁艳、朴蕊、陈敏、樊效、佟迪、刘小青、程成、孙英丽、杜宏和郑绍辉等。他们的一言一行，从做人到做事，都让我受益良多。

感谢在理论基础上给我指导的中国人民大学的宋继文教授、清华大学的罗家德教授，为本书作序并提供了结构修改建议的脉脉CEO林凡。感谢几位HR朋友，他们是杜海艳、Cherry、Fiona、Aisi和杜昊等。脉脉的王倩、陈晨、刘全给了我很多鼓励和帮助，本书附赠的《一张图读懂社交招聘》海报的草图是园子帮我画的，马玥、贾福云、孔杰等多位好友都曾帮我改过书稿，在此一并向他们表示感谢。

感谢一路上陪伴我的伙伴，他们是狄文静、猎头Mocca、贾福云、李康利、马玥、齐欢以及我所带领过的团队里的所有小伙伴。正是因为你们的信任和支持，我才有了成长和进步。尤其是狄文静，这是我们一起经历的第四家公司，感谢你始终如一的陪伴。

最后感恩我的家人，你们是我永远的后盾。

泰戈尔曾经说："你今天受的苦、吃的亏、担的责、扛的罪、忍的痛、到最后都会变成光，照亮你的路。"

愿你我一路前行，不负少年梦。

尹利

于 2019 年 10 月 14 日